Elke Pohl

Auszeit ohne Risiko

Ein Ratgeber für **Teilzeit**, **Sabbatical** und mehr **Freizeit**

Viele praktische **Tipps** für die Umsetzung bis **zum völligen Wiedereinstieg**

LINDE
international

Bibliografische Information Der Deutschen Bibliothek

Die Deutsche Bibliothek verzeichnet diese Publikation in der Deutschen Nationalbibliografie; detaillierte bibliografische Daten sind im Internet über http://dnb.ddb.de abrufbar.

ISBN 3-7093-0052-5

Umschlag: AG MEDIA GmbH

LINDE VERLAG WIEN Ges.m.b.H., Wien 2004
1210 Wien, Scheydgasse 24, Tel.: 0043/1/24 630
www.lindeverlag.at

Druck: Hans Jentzsch & Co. GmbH., 1210 Wien, Scheydgasse 31

Inhaltsverzeichnis

Vorwort

In unsicherer Zeit wie der unseren hält fast jeder seinen Job mit beiden Händen fest. Denn: Gute Jobs sind Mangelware. Wie kann man in dieser Situation auf die Idee kommen, beruflich kürzer zu treten oder sich gar für ein halbes Jahr ganz von der Firma zu verabschieden? Gräbt man damit der eigenen Karriere nicht das Wasser ab? Riskiert man nicht, schon mit einem solchen Wunsch von Vorgesetzten und Kollegen für verrückt erklärt zu werden?

Die Tatsache, dass Sie sich dieses Buch gekauft oder geliehen haben, zeigt schon sehr deutlich, dass die Idee des Ausstiegs auf Zeit für Sie nicht so absurd ist, wie sie manchem auf den ersten Blick erscheint. Denn: Bei näherer Betrachtung sind solche Pausen durchaus sinnvoll. Und zwar für Unternehmen und Mitarbeiter.

Mitarbeiter, die freiwillig Teilzeit arbeiten wollen, senken die Kosten von Unternehmen und verhindern in angespannten Zeiten vielleicht Entlassungen. Wer Mitarbeitern gar eine Auszeit von drei, sechs oder zwölf Monaten zugesteht, muss zwar mit geringen finanziellen Verlusten rechnen, bekommt aber meist einen ausgeruhten, hoch motivierten Kollegen zurück. Das rechnet sich eher, als eine Fachkraft ganz zu verlieren bzw. eine neue zu suchen und einzuarbeiten.

Und für den Aussteiger selbst? Wer schon mal demotiviert, gestresst und ausgebrannt war im Job, ahnt, wie heilsam es sein kann, mehr Zeit für sich oder die Familie zu haben, Dinge zu tun, für die vorher die Zeit fehlte, oder einfach eine Erholungspause einzulegen. Richtig vorbereitet und (finanziell) abgesichert können berufliche Pausen – egal ob durch Reduzierung der Arbeitszeit, Veränderung des Arbeitsrhythmus, Rückzug ins Homeoffice oder durch kompletten Ausstieg auf Zeit – wahre Wunder bewirken. In vielen Unternehmen wurde die Wirkung solcher intelligenten Arbeitszeitlösungen erkannt und werden verschiedene Modelle mit Erfolg praktiziert. Viele Menschen – mehr als man vermutet – nehmen oder nahmen bereits dieses Recht, das seit einigen Jahren auch gesetzlich verbrieft ist, für sich in Anspruch. Welche Erfahrungen sie dabei gemacht haben und mit welchen Vorbehalten und Risiken sie dabei unter Umständen zu kämpfen hatten, erfahren Sie auf den folgenden Seiten.

Mit diesem Ratgeber sollen die verschiedenen Möglichkeiten mit ihren rechtlichen Konsequenzen aufgezeigt, die richtigen Strategien für die Vorbereitung erläutert und viele praktische Tipps für die Umsetzung bis hin zur Planung des (vollständigen) Wiedereinstiegs dargestellt werden. Vor allem aber will es Mut machen, für sich selbst die geeignete Form zu finden. Denn für die unterschiedlichen Umstände, Bedürfnisse und Motivationen gibt es eine erstaunliche Fülle von Angeboten. Nicht in jedem Unternehmen und sicher nicht alle in einem Unternehmen. Aber in jedem Fall ist es gut zu wissen, was überhaupt geht, bevor Sie sich auf den Weg zu Ihrem persönlichen Stück Freiheit machen.

1. Balance: Warum Menschen Pausen vom Job brauchen und wünschen

Wer im Beruf vorankommen und Karriere machen will, muss geradlinig seinen Weg gehen. Ist das wirklich so? Muss man wirklich, ungeachtet der eigenen Wünsche und Sehnsüchte und oft auf Kosten der Menschen, die uns umgeben, alle Kraft dem beruflichen Vorankommen widmen? Ganz sicher nicht! Denn weder Geld noch umfassende Sicherheit sind alles im Leben. Immer mehr Menschen, die gehetzt von immer komplexeren Anforderungen oder gepresst in immer höher spezialisierte Jobs frustriert, gestresst, demotiviert und ausgebrannt sind, sehnen sich nach Sinn, Zeit und Muße, nach einem vernünftigen Nebeneinander von Job und Privatleben. Diese so genannte „Work-Life-Balance" ist zwar in aller Munde, in der Realität vieler Arbeitnehmer aber noch lange nicht verwirklicht.

Warum Auszeiten dazugehören

Gerade Menschen mit hoher Fach- oder Führungsverantwortung im Job verfügen am allerwenigsten über ihre Lebenszeit. Das hat natürlich mit dem großen Aufwand an Arbeitszeit zu tun, der von ihnen erwartet wird und dem sich viele sklavisch ergeben beugen. Arbeitszeiten von bis zu achtzig Stunden pro Woche sind keine Seltenheit. Auslöser für diese Ergebenheit sind ein Mix aus Macht- und Imagestreben, aus Angst vor dem Ausgeschlossenwerden aus einem bestimmten Kreis, vor fehlender Anerkennung, aus der Notwendigkeit, einen bestimmten materiellen Lebensstandard zu sichern, und vielem mehr. Lange Arbeitszeiten gelten als Schlüssel zum beruflichen Erfolg. Karriere und kürzere Arbeitszeiten schließen sich im Bild des erfolgreichen Mitarbeiters vielfach aus. Was aber ebenso schwer wiegt, weil unplanbar, unberechenbar und unkalkulierbar, ist das ständige Leben auf Abruf. „Dank" moderner Technik ist es heutzutage praktisch rund um die Uhr und an jedem Ort der Welt möglich, seine Arbeit zu verrichten und erreichbar für Wünsche von Vorgesetzten, Kollegen und Kunden zu sein.

Achtung: Der Preis für diese Unabkömmlichkeit und totale Erreichbarkeit ist der Verlust der Privatsphäre.

Wo aber das Arbeitsleben tief ins Privatleiben hineinreicht, wird sich in den seltensten Fällen ein Balance einstellen. Die Waage wird sich immer mehr zugunsten der Arbeit neigen und im schlimmsten Fall irgendwann zerbrechen. Die ernst zu nehmende Sucht-Krankheit „Workaholismus" mit der damit verbundenen Isolation, andere psychische Probleme oder Herz-Kreislauf-Erkrankungen sind nicht selten Folgen, die dann eine Auszeit unumgänglich machen. Dem kann man vorbeugen.

Natürlich sind Zeitmangel und Zeitdruck nicht die einzigen Ursachen für Stress, Burnout und die daraus folgenden erwähnten Erkrankungen. Generell kommen Fehlbeanspruchungen der verschiedensten Art dafür in Betracht, wie sie häufig im Arbeitsleben anzutreffen sind.

Tipp: Ob eine berufliche Situation als unerträglich empfunden wird, hängt dabei nicht nur von der Situation selbst ab.

Auch die Persönlichkeit des Betreffenden, seine Einstellungen und Erfahrungen, sein berufliches und privates Hinterland und viele weitere Faktoren beeinflussen die Wirkung, die eine Belastung auf ihn hat. So ist es gut möglich, dass ein Kollege mit einer Aufgabe oder Situation spielend fertig wird, während ein anderer daran verzweifelt.

Häufig vorkommende Quellen für Unzufriedenheit und Stress sind

- eine falsche, also über- oder unterfordernde Aufgabe,
- wenig umrissene oder zu weit spezialisierte Aufgaben,
- zu wenig Selbstständigkeit bei der Erledigung,
- fehlende Unterstützung durch Kollegen oder Vorgesetzte,
- Mobbing,
- unklare Kompetenz und Rolle im Team,
- zu hohe oder gar keine Verantwortung,
- eine fehlende Konfliktkultur im Unternehmen oder der Abteilung und vieles mehr.

Tipp: Wer sich in solch einer Situation befindet, muss sich zunächst darüber klar werden, dass es dringend einer Änderung bedarf.

So einfach sich das anhört, so schwer ist der Schritt. Denn es gehört das Eingeständnis dazu, dass man mit der gegenwärtigen Situation überfordert ist. Wer diesen Schritt nicht geht, läuft Gefahr, in Resignation zu verfallen, sich zurückzuziehen oder gar innerlich zu kündigen. Oder sich so weit aufzureiben, dass Stress zum Dauerzustand und dadurch gesundheitsschädigend wird.

Ebenso vielseitig wie die Ursachen sind die Möglichkeiten, die als belastend empfundene Situation zu ändern.

Achtung: Die letzte und folgenschwerste ist die Kündigung eines Jobs, weil sie natürlich eine Niederlage ist und auch arbeitsrechtliche Folgen hat.

Davor sollten Sie sich Verbündete suchen und Netzwerke pflegen, lernen zu delegieren oder auch mal eine unzumutbare Aufgabe abzulehnen, sich fehlendes Wissen bzw. Kompetenzen aneignen, schwelende Konflikte austragen, berechtigte Forderungen stellen, Anerkennung einfordern, die vorhandene Zeit gut planen und ausreichend Pausen einlegen, berufliche Alternativen bedenken und vorbereiten, neue Ziele setzen usw.

Und natürlich sollten Sie darüber nachdenken, die Zeit, die Sie im Büro oder im Unternehmen verbringen, rein quantitativ zu begrenzen, um so für die dringend notwendigen Erholungsphasen zu sorgen. Und zwar konsequent. Der erste Schritt ist es, pünktlich Feierabend zu machen, falls nicht außergewöhnliche oder dringende betriebliche Belange dagegen sprechen. Die schönste Arbeitszeitregelung – ob Vollzeit, verkürzt oder flexibel – nützt wenig, wenn Überstunden quasi Teil der Unternehmensphilosophie sind und ein Kriterium für Erfolg und Wert der Arbeit darstellen. Oft wird derjenige belächelt oder beargwöhnt, der pünktlich nach Hause geht, um einfach bei der Familie zu sein oder den Garten umzugraben. Wenn Workaholics spätabends nach Hause gehen, dann mit dem Laptop unterm Arm und dem Handy unterm Kinn. Und falls sie mal nicht arbeiten, treffen sie wichtige Leute beim Drink, lesen ein Buch,

„das man gelesen haben muss“, sehen einen Film, der in aller Munde ist, oder besuchen eine Ausstellung, über die Mitreden Pflicht ist. Selbst die Sportart muss trendy sein und Eindruck schinden.

Der zweite Schritt besteht also darin, mit Verlassen des Unternehmens nach Möglichkeit Privatperson zu werden. Wer nicht gerade Bereitschaftsdienst hat, sollte den Mut besitzen und für einen Abend, eine Woche oder einen Monat – je nachdem, welche Freiräume die jeweilige Arbeitszeitregelung zulässt – die Kontakte zum Unternehmen auf das erforderliche Mindestmaß zu beschränken. Für einen Workaholic kann es schon ein Erfolg sein, wenn er im Urlaub nur ein Mal am Tag in der Firma anruft. Wer sich wohl dabei fühlt, sollte allerdings für eine bestimmte Zeit ganz abtauchen – in 99,99999 Prozent der Fälle bricht das Unternehmen dadurch nicht zusammen. Im Gegenteil, wer wirklich abschalten und regenerieren kann, wird nach seiner Rückkehr dem Unternehmen mit umso größerem Elan zur Verfügung stehen.

Wem das nicht genügt bzw. wer weitergehende Wünsche und Ziele hat, der sollte ernsthaft über Möglichkeiten nachdenken, wie er durch flexible Arbeitszeitregelungen mehr Zeit für sich gewinnen kann, ohne unnötige Abstriche am Job machen zu müssen. Balance ist auch hier wichtig, um sich die erwünschten Optionen in der Karriere offen zu halten. Dass es nicht immer leicht ist, für sich selbst mehr Zeit einzufordern, ist klar. Manch einer wird in seinem Unternehmen Pionierarbeit leisten, Vorgesetzte überzeugen und Vorbehalte jeder erdenklichen Art ausräumen müssen. Fakt ist: Das Recht, individuelle Wünsche nach Verringerung der Arbeitszeit anzumelden, ist gesetzlich verankert, seitdem im Jahr 2001 das Gesetz über Teilzeitarbeit und befristete Arbeitsverträge (mehr dazu weiter hinten) verabschiedet wurde. Die Realität sieht natürlich oft ganz anders aus, und ohne gute Vorbereitung, gute Argumente, gute Partner und ein gutes Stück Durchhaltevermögen werden Sie es sicher nicht schaffen.

Warum Arbeitnehmer weniger arbeiten wollen

Die Arbeitszeitregelungen, wie sie derzeit in vielen Unternehmen anzutreffen sind, entsprechen weder den betrieblichen Belangen noch den

Interessen der einzelnen Mitarbeiter. Die immer noch weit verbreitete Vollzeit-Regelung mit relativ starren Arbeitszeiten kann zum einen kaum auf besondere Stoß- und Servicezeiten von Firmen reagieren. Die Folge: Mitarbeiter sind ineffizient eingesetzt und erzeugen unnötige Kosten. Und wenn sie aufgrund von Überlastung ausfallen, kostet das das Unternehmen erneut horrende Summen. Gesamtgesellschaftlich bewirken lange Vertragsarbeitszeiten und bezahlte Überstunden eine ungleichmäßige Verteilung der Arbeit, was angesichts der Arbeitslosenzahlen vor allem ein politisches Problem ist. Für Mitarbeiter bedeuten starre Regeln andererseits, dass sie kaum Gelegenheit bekommen, Dauer und Lage der Arbeitszeit entsprechend ihren unterschiedlichen Lebensphasen bzw. -umständen zu variieren. Die viel gepriesene und positive Work-Life-Balance bleibt dabei natürlich vielfach auf der Strecke.

Im Folgenden sollen einige der gängigsten Motive für Arbeitszeit-Verkürzungen dargestellt werden. Natürlich spiegelt diese Aufzählung nicht die gesamte Vielfalt individueller Gegebenheit wider. Auch dann, wenn Sie sich hier vielleicht nicht wieder finden, sollten Sie Ihr Vorhaben weiter verfolgen.

Ich brauche mehr Zeit für die Familie

Der Wunsch, mehr Zeit mit der Familie zu verbringen, ist der häufigste Grund. Wahrscheinlich ist deshalb Teilzeitarbeit immer noch ein Privileg der Frauen. Allerdings wollen viele junge Väter heute mehr sein als nur die „Ernährer“ ihrer Kinder, so dass Männer zunehmend eine zeitweise Verkürzung und Verlagerung ihrer Arbeitszeit in Betracht ziehen. Dabei haben sie nach wie vor mehr als Frauen mit Imageproblemen zu kämpfen, wenn sie einen solchen Wunsch im Unternehmen äußern. Vor allem, wenn als Grund die Familie angegeben wird. Die vielfach nicht unberechtigte Angst vor Karrierenachteilen und finanziellen Einbußen halten sie daher noch oft von ihrem berechtigten Vorhaben ab.

Neben der Kindererziehung spielt die Pflege von kranken und pflegebedürftigen Angehörigen eine große Rolle beim Wunsch nach mehr Freiraum. Angesichts der Situation der gesetzlichen Pflegeversicherung in Deutschland und der Tendenz, Angehörige wieder mehr zu Hause zu pflegen, kann hier auf jeden von uns eine Aufgabe zukommen, die Zeit erfordert. Ob diese Zeit täglich erforderlich ist oder angespart und dann in einer längeren Phase genommen wird, hängt von der Erkrankung und den individuellen Umständen von betreuter und pflegender Person ab.

Ich will etwas ganz anderes tun

Auch der Wunsch, mehr Zeit für die eigene Entfaltung, für neue Lebenserfahrungen oder für ein schon lange geplantes Vorhaben zu haben, ist ein guter Grund, um vorübergehend kürzer zu treten. Lassen Sie die Kollegen ruhig lächeln, wenn Sie von einem Kurs in der Volkshochschule, von einem Ehrenamt, einem vierwöchigen Klosteraufenthalt, einem Abendstudium oder Promotion oder einer halbjährigen Sprachreise erzählen, für die Sie die gewonnene Zeit benötigen. Sie können sicher sein, dass die meisten Sie beneiden werden: um Ihren Mut und Ihre Entschlossenheit; um die Möglichkeit, den eigenen Horizont zu erweitern und neue Menschen kennen zu lernen; um die Chance, dem Alltagstrott für eine bestimmte Zeit zu entfliehen. Wer ein ganzes Arbeitsleben lang diese Wünsche einfach unterdrückt, weil er sonst als weniger leistungsbereit und erfolgreich als die Kollegen gilt, erklimmt vielleicht tatsächlich die eine oder andere Karrierestufe mehr. Aber um welchen Preis!

Dazu kommt, dass Erfolg, Geld und Macht auch im gesellschaftlichen Bewusstsein nicht mehr der alleinige Gradmesser sind. Die Motivation für großen beruflichen Einsatz resultiert längst nicht mehr ausschließlich aus der Höhe der monatlichen Überweisung. Sinnhaftigkeit, Freude, Austausch mit Kollegen sind ebenso starke Motive für Leistungsbereitschaft. Und so ist es nicht verwunderlich, dass Personalchefs außer geradlinige Karrieren auch interessante Abweichungen von der Norm honorieren. Abweichungen, die sowohl beruflich und als auch privat bedingt sein können. Eine längere Sprachreise mit den entsprechenden kulturellen Kenntnissen kann sich in einem international tätigen Unternehmen also durchaus bezahlt machen. Auch die Pflege von Angehörigen wird in den allermeisten Fällen als Erfahrung angerechnet, die für Ausdauer, Durchhaltevermögen und menschliche Werte spricht. Wer also in diesem Sinne etwas für sich selbst tut, feilt damit unbewusst oder bewusst auch an seinem Lebenslauf. Bei der nächsten Bewerbung macht sich das garantiert bezahlt.

Ich fühle mich leer und ausgebrannt

Wenn dieser Satz auf Sie zutrifft, sollten die Alarmglocken schrillen. Denn das so genannte Burnout-Syndrom ist eine ernst zu nehmende Krankheit und keine Laune von Ihnen. Eine kurzzeitige Erschöpfung oder Lustlosigkeit macht noch kein Burnout aus. Schlimm wird es erst, wenn Stress, hohe Anforderungen und häufig Angst um Arbeitsplatzverlust dazu führen, dass Sie den Anforderungen nicht mehr gerecht werden oder nur unter Aufbietung aller Reserven. Denn: Irgendwann sind die Reserven aufgebraucht, wenn der Akku auf Verschleiß gefahren wird. Wer auf dem Weg in diese Sackgasse nicht rechtzeitig stoppt und umkehrt, landet unweigerlich beim Arzt. In den 70er Jahren betraf dieses Phänomen vor allem Menschen in helfenden und heilenden Berufen. Zunehmend kommen vor allem Lehrer, Menschen in Dienstleistungsberufen wie Call-Center-Agents und Außendienstler, Mitarbeiter in beruflichen Puffersituationen, die Anweisungen vom Chef erhalten und an ihre Untergebenen weitervermitteln müssen, kreative Leute wie Werbeexperten oder Journalisten hinzu – alles Berufsgruppen, in denen Emotions- und Kreativarbeit geleistet wird, die ohnehin die mentalen Reserven angreift. Kommen dann heftiger Druck von außen oder Identifikationsprobleme mit dem Job dazu, wehren sich Psyche und Körper mit einem Generalstreik.

Dabei ist niemand von einem Tag auf den anderen so ausgebrannt. Vielmehr schleicht sich das Gefühl der Sinnlosigkeit und der permanenten Überforderung langsam ein.

- Im Prinzip beginnt der Prozess positiv – mit überdurchschnittlichem Engagement. Wer ausbrennt, hat vorher meist lichterloh für seinen Job gebrannt. In diesem Zustand der Euphorie wird häufig zu viel und zu lange gearbeitet, Misserfolge ignoriert und erste Anzeichen von Ermüdung fallen dem übervollen Terminkalender zum Opfer.
- Langsam wird aus Müdigkeit chronische Erschöpfung, die nicht selten damit einhergeht, dass man schlecht schläft, tagsüber schlapp, gereizt und unaufmerksam ist und zu den Menschen der beruflichen Umgebung eine ungesunde Distanz aufbaut. Der Idealismus und die Hingabe zum Job schwinden immer mehr, die tägliche Arbeit ist nur noch belastend.

- Wer die Schuld für diese unbefriedigende Situation in der eigenen Person vermutet, zwingt sich vielleicht zu höheren Leistungen. Aber natürlich ist das ein Teufelskreis, der nur zu immer größerer Leere führt. Betroffene, die die Schuld in ihrer Umgebung suchen, reagieren aggressiv oder mit ständigen Nörgeleien, werden unbeliebt und isolieren sich mehr und mehr. Auch in der Partnerschaft kann es zu handfesten Konflikten kommen.
- Schließlich reagiert der Körper mit richtigen Beschwerden auf diese ständige Überlastungssituation. Fehlende Konzentration und mangelnde Ausdauer führen dazu, dass Fehler gemacht werden, die Leistung im Beruf lässt objektiv nach. Mancher entwickelt eine Depression, andere eher körperliche Beschwerden wie Schlafstörungen, sexuelle Probleme, erhöhten Blutdruck, Kopf- und Rückenschmerzen, Tinnitus, nervöse Tics, Herz- und Magen-Darm-Probleme. Das Immunsystem ist nun geschwächt, Infektionen sind die Folge. Häufig ändern sich die Essgewohnheiten und lassen das Gewicht steigen. Nikotin, Alkohol und andere Drogen strapazieren zusätzlich die angeschlagene Gesundheit.
- In dieser Situation ist ein normales Arbeitsleben kaum noch möglich. Hobbys verlieren vollkommen an Bedeutung, Familie und Partnerschaft sind von Krisen gekennzeichnet. Ein soziales Leben, wie Besuch von Freunden, findet nicht mehr statt. Folge sind die totale Einsamkeit und eine abgrundtiefe, lebensbedrohliche Verzweiflung. Das Leben verliert zunehmend seinen Sinn und Suizid-Gedanken bestimmen häufig die Fantasie.

Achtung: Wem es bereits so schlecht geht, der muss sich dringend in ärztliche Behandlung begeben! Der Hausarzt wird in ganz schweren Fällen eine Einweisung in eine Klinik veranlassen oder zum Neurologen überweisen. In den meisten Fällen kann ein geeigneter Psychotherapeut helfen, der über die Krankenkasse zu erfahren ist.

Tipp: Besser ist es, bereits bei ersten Anzeichen die Notbremse zu ziehen.

Das kann darin bestehen, die bestehende freie Zeit für aktive Entspannung zu nutzen, um Druck abzulassen, sich nach beruflichen Alternativen umzuschauen, die berufliche Situation im Rahmen des bestehenden Arbeitsverhältnisses zu verändern, etwa indem man sich Verbündete sucht oder mit Leidensgenossen zusammentut, mit Vorgesetzten über die Situation spricht u.Ä. Oder Sie entschließen sich dazu, die Zeit für eine Regeneration von Körper und Seele zu erweitern und über eine Reduzierung der Arbeitszeit nachzudenken. In diesem Fall ist sogar zu einem so genannten Sabbatical zu raten, einer befristeten Auszeit von mindestens einem halben Jahr. Darauf kommen wir noch zu sprechen.

Diese Beschwerden können ein Burnout ankündigen

- anhaltende Schlafstörungen
- Herzklopfen, Herzrasen
- Engegefühl in der Brust
- dauernde Verspannungen vor allem im Schulter-Nacken-Bereich
- häufige Rückenschmerzen
- Migräneanfälle
- Übelkeit
- plötzliche Neigung zu häufigen Infekten
- Verdauungsprobleme
- ständiges Hungergefühl
- erhöhter Konsum von Rausch- und Aufputschmitteln
- gestörte Sexualität
- Depressionen
- Angstgefühle

Tipp: In jedem Fall ist es entscheidend, dass Sie in der gewonnenen Zeit wirklich etwas für sich selbst tun und gut für sich sorgen. Was genau das sein kann, dazu später mehr.

Ich bin arbeitssüchtig und will meinen Lebensstil ändern

Workaholics sind suchtkrank. Aufmerksam geworden ist man auf diese Art der Erkrankung zuerst in Japan. 1990 erkannte das japanische Arbeitsministerium an, dass Arbeitssucht zum Tode führen kann. Karoshi, Tod durch Überarbeitung, heißt die Diagnose.

Auch bei uns gibt es Menschen, die ihr gesamtes Selbstwertgefühl aus einem Übermaß an Arbeit und der damit zusammenhängenden vermeintlichen Anerkennung schöpfen. Schon in der Kindheit können prägende Beziehungen zu süchtigem Verhalten beitragen. So kann sich aus der übersteigerten Identifikation mit einem besonders tüchtigen und erfolgreichen Elternteil der Wunsch entwickeln, ebenso erfolgreich zu werden.

Das gesamte Leben richtet sich darauf aus, alles perfekt zu machen und stets die Bewunderung anderer zu erhalten. Versagensangst und Rollenunsicherheit kommen verstärkt hinzu. Letztendlich sind viele Workaholics Persönlichkeiten mit einem labilen Selbstwertgefühl, die darauf angewiesen sind, das Manko durch besonderen Ehrgeiz und fremde Anerkennung auszugleichen.

Achtung: Die Unterschiede zum – gesunden – arbeitenden Menschen sind oftmals fließend: Während dieser mit der Arbeit Geld verdienen und natürlich auch anerkannt werden will, aber daneben Hobbys hat, soziale Kontakte und zwischenmenschliche Beziehungen unterhält und seine Interessen in verschiedene Richtungen lenkt, besitzt der Arbeitssüchtige dagegen nur einen wahren Lebensinhalt, seine Arbeit. Alles um ihn herum ist auf seine Arbeit hin ausgelegt, er bringt immer weniger Interesse für andere Dinge und Menschen auf.

Erschwerend kommt hinzu, dass das unermüdliche Arbeiten am Erfolg von vielen Unternehmen und unserer Gesellschaft positiv bewertet wird. Mit ihrem überdurchschnittlichen Willen und ihrer Einsatzbereitschaft entsprechen Workaholics vielfach dem Idealbild der Führungskraft. Diese Menschen sind oftmals Maß aller Dinge, Vorbilder für Kollegen und Mitarbeiter. Doch die Rechnung geht nicht auf. Denn: Die Dauerüberlastung und die absolute Isolation vom normalen Leben führt unweigerlich zur Katastrophe.

Man kann die Krankheit, die Frauen und Männer gleichermaßen befallen kann, in vier Stadien einteilen:

Die Stadien der Arbeitssucht

1. Einleitungsphase: Alle Gedanken des Arbeitssuchtgefährdeten kreisen mehr und mehr um seine Arbeit. Er beginnt heimlich zu arbeiten. Die Familie und andere soziale Beziehungen werden vernachlässigt. Nach einiger Zeit tauchen die ersten Schuldgefühle auf, man würde zu viel arbeiten.
2. Kritische Phase: In diesem Stadium entscheidet sich, ob Arbeit nur übertrieben wird oder ob schon eine Sucht entsteht. Der Süchtige sucht nach Ausreden für sein Zu-viel-Arbeiten: Er wird unduldsamer und aggressiv. Seine privaten Beziehungen sind gefährdet. Seine gesamten Lebensbereiche ordnen sich der Arbeit unter.
3. Die chronische Phase: Es zählt nur noch die Arbeit, sie gibt dem Arbeitssüchtigen die nötige Energie. Alles andere tritt zurück, es wird keine Kraft mehr dafür aufgewendet. Der Süchtige reißt durch falsch verstandenen Perfektionismus immer mehr Aufgaben an sich.
4. Endphase: Bedingt durch krankhafte Folgeerscheinungen kommt es bei dem Arbeitssüchtigen zu einem massiven Knick seiner Leistungsfähigkeit. Er scheidet schon frühzeitig, meist schon Mitte 50, aus dem Berufsleben aus oder stirbt vorzeitig.

Achtung: Besonders gefährdet sind Führungskräfte, die viel Raum für freie Gestaltungsmöglichkeiten im Job haben. Seltener tritt die Sucht bei Menschen mit festen Arbeitsstrukturen auf.

Workaholics haben oft ...

... ein geringes Selbstwertgefühl,

... eine stark leistungsorientierte Erziehung erlebt und bewerten beruflichen Erfolg über,

... den zwanghaften Ehrgeiz, zu hoch gesteckte Ziele mit Perfektion erreichen zu wollen,

... einen harten, schnellen Arbeitsstil und neigen daher zu Hektik, Ruhelosigkeit, Wachsamkeit und Misstrauen,

... ein ausgeprägtes Konkurrenzverhalten, werden leicht aggressiv und feindselig gegenüber Kollegen, die vermeintlich weniger leisten, und verlieren den sozialen Rückhalt,

... den Drang nach Unabhängigkeit und Macht über andere Menschen,

... eine explosive Sprechweise und verspannte Gesichtsmuskeln,

... das Gefühl, als einzige ständig unter dem Druck von Zeit, Erfolg und Verantwortung zu stehen.

Die überhöhten Ziele solcher Menschen führen zwangsläufig zu permanenten Gefühlen des Versagens, wodurch das angeknackste Selbstwertgefühl weiter schwindet. Das löst einen erneuten Schub an Arbeitswut aus, wodurch sich der Teufelskreis auf höherem Niveau wiederholt. Die Auswege aus der Krankheit sind vielfältig.

Tipp: Leicht gesagt, aber schwer getan ist das Setzen realistischer Ziele entsprechend den eigenen Möglichkeiten. Nicht jeder muss etwas ganz Ungewöhnliches leisten. Es hat keinen Sinn, um jeden Preis eine Aufgabe zu Ende zu bringen, mit der man überfordert ist oder die auf zu viele Widerstände trifft.

Wichtig ist eine klar abgegrenzte Arbeitsaufgabe, die man durchschaut und beherrscht und innerhalb deren man sich selbstständig entwickeln kann. Da Workaholics nach fremder Anerkennung lechzen, sollten sie von Vorgesetzten und Kollegen regelmäßige Rückmeldungen einholen. Die bekommt man auch, ohne dass man sich totarbeitet. Schließlich verhindern Pausen und bewusste Entspannungsphasen, dass der Motor zu heiß läuft und gearbeitet wird, bis der Tank leer ist. Diese Pausen sind zudem notwendig, um die Arbeit reflektieren zu können und den nötigen Abstand zu gewinnen.

Wer mit diesen einfachen Methoden keine Linderung erfährt, sollte sich zu einem konsequenten (Teil-)Rückzug aus der krankmachenden Arbeitsumgebung entschließen und die Zeit, die nun gezwungenermaßen zur Verfügung steht, gezielt ausfüllen. Dazu gehört ein Plan, damit man am Ende nicht doch wieder vor dem Laptop oder den Akten landet.

Ich möchte mich weiterbilden und umorientieren

Eine Weiterbildung außerhalb des Unternehmens steht auf der Wunschliste vieler Aussteiger ganz oben. Dabei ist es unwichtig, ob damit das weitere berufliche Fortkommen direkt oder nur mittelbar berührt wird. Wenn ein Arbeitnehmer beschließt, im Abendgymnasium das Abitur nachzuholen, dann kann das zunächst einfach ein lang gehegter Wunsch nach höherer Allgemeinbildung sein. Aber natürlich eröffnen sich dem Betreffenden dadurch perspektivisch auch neue berufliche Möglichkeiten – er kann etwa im Abendstudium einen Diplom-Abschluss dranhängen und sich dadurch völlig neue Berufsfelder erschließen. Es gibt jede Menge Menschen, die solche Weiterbildungen bei voller Berufstätigkeit durchstehen. Andere sehen sich dazu nicht in der Lage und wollen hierfür ihre Arbeitszeit befristet verkürzen. Andere widmen sich einige Jahre ganz einem Vollzeitstudium. Welcher Weg für Sie in Frage kommt, richtet sich nach den Gegebenheiten in Ihrem Unternehmen, nach Ihrer privaten Situation – und natürlich nach den finanziellen Rahmenbedingungen. Denn Fakt ist: Wer kürzer tritt oder für eine bestimmte Zeit ganz aussteigt, hat finanzielle Einbußen. Das muss sehr genau geplant und durchgerechnet werden. In Kapitel 13 gehen wir noch ausführlich auf das Thema Geld ein.

Ein weiterer Grund für die zeitliche Befristung Ihrer Arbeitszeit kann der Gedanke sein, in einem anderen Unternehmen einen Nebenjob aufzunehmen. Die Gründe dafür liegen ganz bei Ihnen: Vielleicht suchen Sie gezielt nach einer beruflichen Alternative und wollen die Chancen vorab testen. Vielleicht suchen Sie Abwechslung, auch das ist legitim. Schließlich können Sie sich die ersten Schritte in die Selbstständigkeit durch Teilzeitarbeit erleichtern. Der Vorteil: Sie sind für eine Übergangszeit finanziell abgesichert und müssen nicht gleich von der eigenen Firma leben. Und falls die ganze Sache doch schief geht oder Sie merken, dass Sie kein unternehmerischer Typ sind, bleibt Ihnen immer noch die vollständige Rückkehr ins Unternehmen.

Achtung: Wenn Sie nebenberuflich tätig werden, sollte Sie das Ihrem Arbeitgeber unbedingt melden, um Probleme bis hin zu Abmahnungen und sogar fristlose Kündigung zu vermeiden.

Zwar gibt es grundsätzlich gesetzlich verankertes Recht auf freie Berufsausübung, wozu auch ein oder mehrere Nebenjobs gehören. Dennoch gibt es wie überall Ausnahmen.

Wann ein Nebenjob unmöglich ist

- Der Nebenjob steht in direkter Konkurrenz zu Ihrem Arbeitgeber. Nehmen Sie einen solchen Job an, kann es zum Verbot kommen, weil Sie damit die so genannte allgemeine Treuepflicht Ihrem Arbeitnehmer gegenüber verletzen.
- In Ihrem Arbeitsvertrag steht eine Nebentätigkeitsklausel, die bestimmte Tätigkeiten ausschließt.

  Achtung: Eine Klausel, die jegliche Nebenbeschäftigung von vornherein ausschließt, ist unwirksam, da sie das Berufswahlrecht einschränkt. In diesem Fall ist aber eine Absprache mit dem Arbeitgeber Pflicht!
- Der Nebenjob kollidiert zeitmäßig mit dem Hauptjob, d.h. Sie können nicht ausreichend Ruhezeit zwischen den beiden Tätigkeiten einhalten.

  Wenn Sie einen so genannte Mini-Job annehmen, der nicht mehr als 400 Euro monatlich einbringt, dann ist *ein* Job neben dem Haupterwerb abgabenfrei; Sie bekommen also die gesamte Summe ausgezahlt.

Ich will meine Chancen auf vollständigen Wiedereinstieg wahren

Komplette Unterbrechungen der Berufstätigkeit haben oft nachteilige Auswirkungen auf die Karriere. Junge Mütter wissen das: Wer nach der Elternzeit von drei Jahren – wenn überhaupt – in sein Unternehmen zurückkehrt, hat Mühe, sich wieder im Job zurechtzufinden. Vielleicht gab es wichtige Umstrukturierungen oder technische Neuerungen. Die Folge kann sein, dass auch gut ausgebildete Mitarbeiter dann eine Aufgabe bekommen, die von der Qualität und Bezahlung her weit unter ihrer vorherigen liegt. Weiterbildungs- und Aufstiegschancen sind verpasst oder verschieben sich. Berufspausen führen häufig auch dazu, dass der Sozialversicherungsschutz Löcher aufweist. Das mindert zum Beispiel die Ansprüche an die Arbeitslosen- und Rentenversicherung. Auch in Phasen eingeschränkter zeitlicher Verfügbarkeit weiterzuarbeiten, vermindert auch die Abhängigkeit vom Partner. Für Alleinstehende ist oft aus finanziellen Gründen eine längere Unterbrechung vollkommen ausgeschlossen.

Zumindest für junge Mütter und Väter bietet die Elternzeit einen Ausweg: Beide können zusätzlich zum Erziehungsgeld 15 bis 30 Wochenstunden arbeiten gehen. So bleiben beide mit ihren Arbeitgebern in Kontakt und beide können sich um ihr Kind kümmern. Allerdings wird die Höhe des Einkommens auf das Erziehungsgeld angerechnet. Wer zu viel verdient, also über der so genannten Bemessungsgrenze liegt, bekommt nur anteilig oder auch gar kein Erziehungsgeld. Mehr dazu in Kapitel 4, in dem wir auf die einzelnen Modelle eingehen.

Achtung: Planen Sie Ihren Antrag auf Teilzeit rechtzeitig, denn acht Wochen vor Beginn muss der Arbeitnehmer informiert sein. Er hat dann vier Wochen Zeit für eine Antwort. Hat er vier Wochen vor dem geplanten Start keine Absage erteilt – wozu er aus betrieblichen Gründen grundsätzlich berechtigt ist – dann gilt der Antrag als angenommen.

Ich möchte Steuern sparen

Bei Paaren, deren Einkommen sehr unterschiedlich hoch ist, kann es sich unter Umständen lohnen, das der geringer Verdienende verkürzt arbeitet. Ehegatten sind die einzige Personengruppe, die ihre Steuerklasse wählen kann. Sie können selbst entscheiden, ob sie beide in der Steuerklasse IV (entspricht der Steuerklasse I bei Singles) oder in den Steuerklassen III und V veranlagt werden wollen. Während bei der Steuerklasse III die Abzüge eher gering sind, greift das Finanzamt bei Steuerklasse V richtig zu. Am Ende des Jahres werden etwaige Über- oder Unterzahlungen mit der Einkommensteuerberechnung ausgeglichen.

Sind beide Ehepartner erwerbstätig, uneingeschränkt einkommensteuerpflichtig und verdienen in etwa gleich viel, ist eine Einstufung in die Steuerklassen III und V meist sinnlos, da der eine das mehr zahlen muss, was der andere mehr erhält. Hier sollten beide die Steuerklasse IV wählen. Immer die Steuerklassen IV/IV sollten auch gewählt werden, wenn einer der Partner einem früheren Ehegatten und/oder Kindern unterhaltspflichtig ist. Unterhaltsberechnungen wird nämlich immer das jeweilige Nettogehalt zugrunde gelegt. Wer jetzt denkt, er kann sich zwecks Einsparung von Unterhaltzahlungen auch gleich in die Steuerklasse V einstufen lassen, der sei gewarnt – der Unterhaltsberechtigte kann (erfolgreich) dagegen klagen.

Ansonsten gilt: Wenn ein Partner deutlich mehr verdient als der andere, wählt der Besserverdienende die Steuerklasse III. Er erhält dann höhere Freibeträge und ein entsprechend hohes Nettogehalt. Dafür wird der Geringverdienende mit der Steuerklasse V auf seinem Gehaltszettel nicht mehr viel übrig haben. Eine solche Einteilung setzt also, soll sie nicht allzu demotivierend wirken, eine gemeinsame Kasse, zumindest jedoch einen entsprechenden Ausgleich durch den Besserverdienenden voraus.

Ist allerdings abzusehen, dass ein Partner in absehbarer Zeit Lohnersatzleistungen erhält – also Arbeitslosengeld, Arbeitslosenhilfe, Unterhaltsgeld, Krankengeld, Übergangsgeld oder Mutterschaftsgeld –, ist diese Wahl auch bei hohen Gehaltsunterschieden nicht immer die beste. Denn die Höhe der Lohnersatzleistungen hängt immer vom zuletzt gezahlten Nettoarbeitslohn ab. Arbeitnehmer, die in dem Zeitraum, der für die Berechnung herangezogen wird, in der Steuerklasse V veranlagt waren, erhalten deshalb geringere Leistungen als diejenigen mit gleichem Bruttolohn in Klasse III oder IV. Ein Wechsel mindestens in die Steuerklasse IV sollte daher überlegt werden.

Achtung: Wählt z.B. eine werdende Mutter, die bisher immer in der Steuerklasse V eingestuft war, kurz vor ihrer Niederkunft plötzlich die Steuerklasse IV oder gar III, könnte das Finanzamt den Vorwurf des Gestaltungsmissbrauches erheben.

Die Wahl der Steuerklasse ist jeweils für ein Jahr bindend. Wollen Sie wechseln, müssen Sie dies schriftlich bei Ihrer Gemeinde bis zum 30. November des jeweiligen Jahres beantragen und sind an diese Wahl wiederum ein Jahr gebunden.

Ich will langsam in den Ruhestand gleiten

Menschen, die ein ganzes Leben lang gearbeitet haben, wünschen sich oft einen sanften Abschied vom Erwerbsleben. So vollzieht sich der Übergang gleitend und es besteht die Möglichkeit, die langsam wachsenden Freiräume sinnvoll auszufüllen.

Für andere ist es weniger die Angst vor dem Rentnerleben, die sie zu einer Reduzierung der Arbeitszeit veranlasst, als vielmehr der Wunsch, schon in jüngeren Jahren mehr Zeit für Partner, Familie, Hobbys, Reisen u.Ä. zu haben. In diesem Fall ist auch ein echter vorgezogener Ruhestand denkbar, d.h. über Jahre hinweg baut sich der Arbeitnehmer etwa über Langzeitarbeitskonten ein zeitliches Polster auf, dass er im Alter abfeiern kann.

Zwar finanziert man sich dieses Vergnügen selbst, erzielt aber – auf das ganze Erwerbsleben bezogen – nicht unbeträchtliche Ersparnisse in der Einkommenssteuer. Kombiniert mit den Möglichkeiten der gesetzlich geförderten Altersteilzeit, ergeben sich dadurch noch mehr Varianten. In Kapitel 5 gehen wir darauf ausführlicher ein.

2. Bedenken: Welche Befürchtungen und Vorurteile es gibt

Wer Teilzeit arbeiten oder gar pausieren will, fürchtet wahrscheinlich nichts so sehr wie die Reaktion seiner Umgebung. Wie werden Partner, Familie und Freunde sowie Arbeitskollegen und Vorgesetzte reagieren? Wird man als Versager abgestempelt, der zu faul ist, um „richtig" zu arbeiten? Begibt man sich freiwillig in die Isolation und entfernt sich von denjenigen, die rund um die Uhr für ihre Karriere im Einsatz sind? Verliert man unter Umständen Freunde oder das Ansehen unter den Kollegen? Wird sich der Teil-Rückzug negativ auf die weitere berufliche Entwicklung auswirken?

Wie Sie mit Vorbehalten umgehen

All diese Bedenken sind berechtigt und beschäftigen Aussteiger in spe zu Recht. Allerdings sollten Sie genau prüfen, ob und inwieweit diese Befürchtungen berechtigt sind und wenn ja, wie Sie die Auswirkungen durch gute Planung in den Griff bekommen können. Und: Welche Argumente gegen eine Auszeit entspringen Ihrer eigenen Fantasie und mit welchen werden Sie von außen konfrontiert?

Tipp: Ernsthaft geäußerte Vorbehalte sollten Sie ernst nehmen, da sie helfen können, Fehler zu vermeiden.

Fegen Sie sie daher nicht unbeachtet vom Tisch, sondern gehen Sie mit guten Argumenten darauf ein. Wenn Freunde und Arbeitskollegen zunächst gegen Ihren Wunsch argumentieren, kann das verschiedene Gründe haben:

- Sie sind ernsthaft um Ihr Wohlergehen besorgt. Aus Mangel an guten Beispielen im Unternehmen oder im Bekanntenkreis gehen viele Skeptiker davon aus, dass „so etwas" nicht gut gehen kann. Gibt es die Möglichkeit zur Rückkehr in die Vollbeschäftigung? Haben andere Kollegen den Aussteiger in der Zeit nicht längst beruflich überholt? Wie soll der Rückzug finanziert werden?

Tipp: Das alles sind wichtige Fragen, die Sie sich unbedingt auch selbst stellen müssen, bevor Sie an die genaue Planung gehen.

- Sie sind neidisch, da sie selbst auch den Wunsch nach mehr Balance zwischen Beruf und Selbstverwirklichung hegen, sich aber bisher nie getraut haben, dem auch nachzugeben. Neidern können Sie auf verschiedene Weise begegnen: Sie können sie einfach ignorieren und sie mit ihren eigenen unausgesprochenen und unausgelebten Wünschen allein lassen. Dann riskieren Sie allerdings, im Falle eines Scheiterns Ihrer Pläne eine Schar von Spöttern auf den Plan gerufen zu haben.

Tipp: Besser ist es, sie von Ihrer Idee zu begeistern und davon zu überzeugen, dass sie realistisch ist. Wer weiß, vielleicht leisten Sie ja damit Pionierarbeit und erreichen, dass andere Kollegen Ihnen nachfolgen?

- Sie sind argwöhnisch gegenüber der Art von Flexibilität, die Sie sich gönnen wollen. Wo kämen wir denn hin, wenn jeder seine persönlichen Ziele in den Vordergrund stellen würde!? Wenn jemand beruflich flexibel und in der Lage ist, ausgetretene Pfade zu verlassen, wird er meist bewundert. Spielen allerdings private Dinge mit hinein, wird die Sache suspekt. Ist derjenige überhaupt zuverlässig? Kann man auf so einen Kandidaten in der Zukunft bauen?

Tipp: Solche Argumente können Sie entkräften, indem Sie Ihre Pläne langfristig entwickeln und wichtige Partner im privaten und beruflichen Bereich mit einbeziehen. So wird klar, dass Sie kein Hallodri sind, der sich seiner Verantwortung entzieht.

Für und Wider genau prüfen

Ihre eigene innere Stimme, die Ihnen ein schlechtes Gewissen einreden will, können Sie am besten zum Schweigen bringen, indem Sie das Für und Wider für sich selbst genau auflisten.

Tipp: Unterscheiden Sie bei den Pro-Faktoren zwischen solchen, die für eine Veränderung Ihres bisherigen Lebens sprechen, die also in der Vergangenheit begründet liegen, und solchen, die Sie sich von der Zukunft versprechen.

Achtung: Wenn eine generelle berufliche Unzufriedenheit das ausschlaggebende Moment ist, hilft eine Auszeit unter Umständen nicht weiter. Dann sollten Sie an die Ursachen gehen und über einen beruflichen Wechsel nachdenken.

Faktoren, die für eine Auszeit sprechen können

Womit ich unzufrieden bin:

- Dauerstress durch zu lange Arbeitszeit,
- Berufs- und Betriebsblindheit,
- Gefühl des Ausgebranntseins, beginnende Demotivation,
- Entspannungsphasen vom Job sind zu kurz,
- keine Rückzugsmöglichkeit wegen ständiger Erreichbarkeit,
- erste gesundheitliche Probleme,
- Vernachlässigung von Freizeit-Interessen,
- Vernachlässigung von Familie und Freundeskreis.

Was ich erreichen will:

- wieder Spaß an der Arbeit,
- genügend Freiräume für Selbstverwirklichung außerhalb der Arbeit,
- Zeit zum Nachdenken, welche Ziele ich mir im Leben stellen will,
- neue Erfahrungen sammeln, die sich auch im Job auszahlen,
- Zeit, um sie mit Familie, Freunden usw. zu verbringen,
- Zeit, um ein vergessenes Hobby wieder- oder ein neues erstmals zu entdecken,
- Zeit, um mich bewusst und dauerhaft zu entspannen,
- Zeit zur Muße und zum Nichtstun.

Welche dieser Faktoren auf Sie zutreffen, hängt natürlich von Ihnen ab. Insofern kann Ihre Liste ganz anders aussehen. Wenn Sie alle Argumente für eine Veränderung beisammen haben, sollten Sie sich auch um die andere Seite kümmern: Was spricht dafür, alles so zu belassen, wie es ist? Auch diese Contra-Argumente sollten Sie gewissenhaft auflisten.

Faktoren, die gegen eine Auszeit sprechen können

- finanzielle Abstriche am Einkommen sind unausbleiblich,
- vermindertes Einkommen führt auch zu Abstrichen in der Sozialversicherung,
- die berufliche Karriere wird unter Umständen langsamer oder anders verlaufen als geplant,
- manche Kollegen bleiben skeptisch oder ablehnend, was zu Mobbing führen kann,
- die Auszeit kann Veränderungen in Gang setzen, an die vorher niemand gedacht hat (persönlich und beruflich).

Achtung: Besonders das finanzielle Risiko muss genau durchgerechnet werden. Alles andere wäre blauäugig.

Tipp: Rechnen Sie sich daher Ihr zu erwartendes Einkommen genau aus und stellen Sie dem die monatlichen Ausgaben, die Sie damit bestreiten müssen, gegenüber.

Wenn Sie es bisher noch nicht getan haben, sollten Sie damit beginnen, ein Haushaltsbuch zu führen. Hier werden die festen und veränderlichen Ausgaben festgehalten und Einsparmöglichkeiten sichtbar. Das Kapitel 13 beschäftigt sich mit den finanziellen Aspekten. Dort wird das Haushaltsbuch noch einmal genauer vorgestellt.

Was Unternehmen gegen Teilzeit vorbringen

Oft branden Aussteigern von Unternehmerseite ganze Wogen von Argumenten entgegen, warum sich der Wunsch jetzt gerade nicht realisieren lässt. Dabei steht eins fest: Teilzeit ist generell bei jeder Art von Tätigkeit – auch in Führungspositionen – und in Unternehmen aller Branchen möglich. Auch für das Unternehmen überwiegen die Vorteile, ohne die Nachteile unterschätzen zu wollen.

Vor- und Nachteile von Teilzeit für Unternehmen

Vorteile sind

- Einsprung von Lohnkosten,
- flexibler Einsatz von Mitarbeitern entsprechend Arbeits- und Auftragsspitzen,
- höhere Effizienz und besserer Kundenservice,
- höhere Auslastung,
- geringere Fehlzeiten,
- größere Motivation und Arbeitszufriedenheit der Mitarbeiter,
- Stressabbau und
- Steigerung der Kreativität.

Nachteile sind

- höherer Verwaltungsaufwand,
- mehr Koordination der Arbeitsorganisation nötig,
- höhere Sozialabgaben.

Obwohl die Vorteile eindeutig überwiegen – und daher viele Unternehmen bereits flexible und Teilzeit-Arbeitsmodelle anbieten – müssen Sie als Arbeitnehmer vielleicht gegen einen der folgenden Vorbehalte ankämpfen. Daher geben wir Ihnen einige Argumente an die Hand, mit denen Sie sie entkräften können.

Teilzeitarbeit ist für das Unternehmen zu teuer

Dieses Argument ist landauf, landab immer wieder zu vernehmen und hört sich wie eine Kosten-Nutzen-Rechnung an. Meist wird jedoch gar keine durchgeführt, weil von vornherein davon ausgegangen wird, dass sich Teilzeit nicht rechnet. Natürlich kann es zu erhöhten Kosten für das Unternehmen kommen, wenn für den Aussteiger oder Teilzeitarbeiter neue Mitarbeiter eingestellt werden, etwa durch

- Sozialleistungen, die pro Kopf gezahlt werden,
- notwendige Weiterbildungsmaßnahmen für neue Kollegen,
- durch zusätzlich nötige Büros, Computer, Maschinen u.Ä.

Kosten entstehen auch, wenn Teilzeitarbeit schlecht organisiert wird. Das ist zum Beispiel der Fall, wenn Aushilfskräfte eingestellt werden, die die Arbeit nicht in der gewohnten Qualität erbringen, oder wenn bei klassischer Vormittagsarbeit teure Arbeitsplätze nur zur Hälfte ausgenutzt werden.

Achtung: Auch dann, wenn solche Kosten entstehen, dürfen sie nur zu einer Ablehnung Ihres Teilzeitwunsches führen, wenn sie unverhältnismäßig hoch sind. Mehr dazu gleich im nächsten Abschnitt zu den gesetzlichen Grundlagen von Teilzeitarbeit.

Außerdem stehen Kosten-Nachteilen jede Menge Kosten-Vorteile gegenüber:

- Zeiten, in denen weniger Arbeit als gewohnt anfällt, können mit Hilfe flexibler und Teilzeitarbeit problemlos ausgeglichen werden,
- Überstundenzuschläge bei erhöhtem Arbeitsanfall können Teilzeitkräfte erst geltend machen, nachdem die Vollzeitgrenze überschritten ist (laut Rechtsprechung des Europäischen Gerichtshofes),
- Langzeitkonten ermöglichen einen frühen Eintritt in den Ruhestand, ohne dass sich das Unternehmen an den Kosten beteiligen muss.

Eine generelle Aussage darüber, ob im einzelnen Unternehmen zusätzliche Kosten durch Teilzeitarbeit entstehen, kann natürlich nicht gemacht werden. Erfahrungen und Erhebungen bestätigen jedoch keinesfalls einen generellen Kostennachteil.

Teilzeit und Schichtarbeit passen nicht zusammen

Auch dieses Argument ist nur auf den ersten Blick stichhaltig. Es stimmt zwar, dass Schicht- und Dienstpläne meist auf der Grundlage einheitlicher Arbeitszeiten aufgebaut sind. Aber ist dieses starre Schema wirklich nötig und zeitgemäß? Einzelne Schichten sind oft personell überbesetzt, um Fehlquoten irgendwie auszugleichen. Werden Vertretungen auf der Grundlage von durchschnittlichen Fehlquoten benannt, stimmt dieser Durchschnitt fast nie mit der Realität überein, so dass die Schichtbesetzung zwischen Unter- und Überbesetzung schwankt. Wenn gar nichts mehr geht, werden externe Lieferfirmen oder Aushilfskräfte damit beauftragt, die Engpässe zu überwinden. Besser scheint es zu sein, das Schichtsystem selbst flexibel zu gestalten, anstatt auf (teure) Lösungen von außen zu setzen. Hier könnte flexible Arbeitszeit und der Einsatz von Teilzeitkräften entsprechend dem Arbeitsaufkommen für Entspannung sorgen.

Teilzeit ist für Spezialisten und Führungskräfte ungeeignet

Das traditionelle Bild der Fach- und Führungskraft ist immer noch gekennzeichnet von übervollen Terminkalendern bis in den späten Abend hinein. Nur wer lange arbeitet, arbeitet viel – ist die gängige Meinung. Dazu kommt, dass vielfach Fach- und Führungsaufgaben in einer Hand konzentriert sind, so dass häufig wirklich eine Überlastung einzelner Führungskräfte entsteht. Das ist aber kein Argument gegen Teilzeitarbeit in Führungsetagen, sondern eher dafür, Fach- und Führungsaufgaben personell besser zu trennen. Im Übrigen ist die Arbeit sowohl von Spezialisten als auch von Vorgesetzten geradezu prädestiniert dazu, verkürzt zu werden.

- Fachkräfte üben oft eine kreative Tätigkeit aus, die sich nicht nach Stunden bemessen lässt. Mehr Freiräume, wie Telearbeit oder flexible Arbeitszeiten, beflügeln die Kreativität. Routinearbeiten, mit denen viele Spezialisten ihre Arbeitszeit auffüllen, führen dagegen zu einer scheinbaren Überlastung und könnten von anderen Mitarbeitern erledigt werden.
- Führungskräfte können ihre Führungsverantwortung zwar nicht teilen, aber Aufgaben delegieren. Schließlich sind Führungskräfte keine Aufpasser, die im Büro als Letzte das Licht ausmachen müssen. Führen heißt Mitarbeitern Vertrauen entgegenbringen und Hilfe anbieten, wenn sie nötig ist – jedenfalls nicht rund um die Uhr. Im Übrigen haben Umfragen ergeben, dass Mitarbeiter-Führung sowie-

so kein Fulltimejob ist. Wenn Führungskräfte überlastet sind und lange Arbeitszeiten benötigen, dann durch die Verbindung von fachlichen und Führungsaufgaben. Auch ein allgemeiner Sinneswandel weg von der Anbetung der Arbeitszeit hin zur Würdigung von Leistung käme teilzeitwilligen Fach- und Führungskräften sehr entgegen.

Teilzeit können sich unsere Mitarbeiter nicht leisten

Dieses Argument geht davon aus, dass die Bedürfnisse einer ganzen Belegschaft einheitlich in Richtung einer festgelegten, starren Vollzeitarbeit gehen. Dass dies nicht so ist, zeigt sich überall dort, wo alternative Arbeitszeitmodelle vom Unternehmen angeboten – und meist sehr rege genutzt werden. Wo die Modelle sich an die Wünsche der Arbeitnehmer anlehnen, die sich zudem im Laufe des Erwerbslebens auch ändern können, ist Teilzeitarbeit fast immer ein Erfolg. Von einer Homogenität im Hinblick auf Arbeitszeiten kann also keine Rede sein.

Auch das Argument, dass Arbeitnehmer sich generell wegen der finanziellen Einbußen nicht auf Teilzeitarbeit einlassen wollen, ist nicht stichhaltig. Wenn das so wäre, dürften Menschen mit kleinem Gehalt gar nicht auf die Idee kommen, Teilzeit zu arbeiten. Fakt ist aber, dass gerade in den unteren Einkommensschichten Teilzeitarbeit sehr verbreitet ist. Oftmals – gerade bei allein erziehenden Eltern – natürlich nicht ganz freiwillig, sondern aus der Notwendigkeit der Kinderbetreuung heraus. Trotzdem ist ein verringertes Gehalt kein genereller Hinderungsgrund, sondern hängt von der Gesamtsituation des Betreffenden ab und natürlich von seinen Prioritäten. Der Gewinn von Freizeit ist für die meisten Menschen, die sich für eine flexible oder verkürzte Arbeitszeit entschieden haben, deutlich wichtiger als der finanzielle Verlust.

Beispiel: Dass diese Überlegungen auch von Arbeitgeberseite sinnvoll genutzt werden können, zeigt das Modell einer großstädtischen Kommune: Hier können sich Mitarbeiter statt für Gehaltserhöhungen für eine Arbeitszeitverkürzung bei gleich bleibendem Gehalt entscheiden. Das betrifft auch Inhaber hoch dotierter Stellen, die damit den Beweis erbringen, dass Führungskräfte nicht per se Vollzeit und darüber hinaus arbeiten müssen.

Gibt es ein Recht auf Teilzeit?

Wenn Ihre Befürchtungen in diese Richtung gehen, können Sie beruhigt sein: Ja, Ihr Recht auf Teilzeit ist gesetzlich abgesichert. Am 1. Januar 2001 trat das Teilzeit- und Befristungsgesetz (TzBfG) in Kraft, wobei europarechtliche Vorgaben zusammenfassend geregelt wurden. Das Teilzeit- und Befristungsgesetz verankert einen grundsätzlichen Anspruch auf Teilzeitarbeit für Arbeitnehmer, die in einem Arbeitsverhältnis stehen (§ 8 TzBfG). Der Wechsel von Vollzeit- in Teilzeitarbeit wird damit generell erleichtert sowie die ablehnende Haltung von Arbeitgebern gegenüber realisierbaren Teilzeitwünschen von Arbeitnehmern relativiert.

Tipp: Generell hat jeder Arbeitnehmer Anspruch auf Teilzeit, dessen Arbeitsverhältnis bereits länger als sechs Monate dauert (§ 8 Abs. 1 TzBfG) und der in einem Unternehmen mit mehr als 15 Arbeitnehmern arbeitet (§ 8 Abs. 7 TzBfG). Sie müssen Ihren Wunsch drei Monate vorher schriftlich oder mündlich anmelden und dabei die gewünschte Verteilung der Arbeitszeit angeben (§ 8 Abs. 2 TzBfG).

Musterbrief:

Antrag auf Teilzeitarbeit

Sehr geehrter Herr ...,

ich arbeite seit ... Jahren Vollzeit als ... in der Abteilung ...

Da ich mich seit einigen Wochen um meine bettlägerige Mutter kümmere, möchte ich hiermit den Antrag stellen, für zunächst ein Jahr befristet in Teilzeit – ich hatte an 30 Wochenstunden gedacht – zu arbeiten. Für mich ist es wichtig, dass sich die tägliche Arbeitszeit etwa zwischen 9 und 15 Uhr bewegt, damit ich meine Mutter morgens und abends ausreichend betreuen kann.

Ich hoffe, dass Sie meine Beweggründe verstehen, und zähle auf Ihr Entgegenkommen. Im Übrigen möchte ich daran erinnern, dass es seit dem Jahr 2001 einen Rechtsanspruch auf Teilzeitarbeit gibt, wenn nicht betriebliche Belange dem entgegenstehen. Ich bitte um eine möglichst schnelle Antwort, da ich mich bei voller Arbeitszeit ernsthaft überlastet fühle.

Mit freundlichen Grüßen

Der Anspruch muss nicht mit Kinderbetreuung oder Wahrnehmung anderer familiärer Pflichten begründet werden. Wie bereits erwähnt, kommen durchaus auch andere Motive für die Teilzeitwünsche in Betracht, wie Aus- und Weiterbildung, Vereinbarkeit mit Sporttraining oder ehrenamtlichen Tätigkeiten. Der Teilzeitanspruch fördert also nicht nur die Chancengleichheit zwischen Männern und Frauen und die bessere Vereinbarkeit von Beruf und Familie, sondern berücksichtigt auch die unterschiedlichen Lebensentwürfe der Arbeitnehmer.

Achtung: Auch dann, wenn die Voraussetzungen gegeben sind, kann es Gründe geben, die dem Wunsch nach Verringerung der Arbeitszeit entgegenstehen.

Sie können also nicht einseitig auf Ihrem Anspruch beharren oder die Verteilung der Arbeitszeit bestimmen. Das Gesetz geht davon aus – und dies war auch schon vorher in vielen Unternehmen Praxis –, dass nur im Einvernehmen mit Ihrem Arbeitgeber eine für beide Seiten vernünftige Lösung möglich ist. Sowohl bei der Verringerung selbst als auch bei der Lage der verbleibenden Arbeitszeit müssen auch die Interessen des Arbeitgebers berücksichtigt werden. Damit trifft das Gesetz Vorsorge, dass die berechtigten Interessen des Arbeitgebers nicht zu kurz kommen. Das bedeutet im Klartext: Ihr Arbeitgeber kann sowohl die Verringerung der Arbeitszeit als auch deren gewünschte Verteilung aus betrieblichen Gründen ablehnen (§ 8 Abs. 4 Satz 1 TzBfG). Das Gesetz nennt als betriebliche Gründe insbesondere eine wesentliche Beeinträchtigung der Organisation, des Arbeitsablaufs oder der Sicherheit im Betrieb oder das Entstehen unverhältnismäßig hoher Kosten für den Arbeitgeber (§ 8 Abs. 4 Satz 2 TzBfG). Andererseits macht das Gesetz deutlich, dass nicht jeder Ablehnungsgrund ausreicht, sondern dass es sich um Gründe von gewissem Gewicht handeln muss.

In der Praxis hilft die Festlegung der Gründe für eine Ablehnung nicht wirklich, eine genaue Definition lässt sich nicht ableiten. So bleibt es leider der Rechtsprechung überlassen, im jeweiligen Einzelfall zu entscheiden. Eine Tendenz ist hier bereits erkennbar: Der Arbeitgeber muss plausible wirtschaftliche oder unternehmenspolitische Gründe vorweisen, um den Teilzeitwunsch abzuwenden. „Die pauschale Behauptung, der jeweilige Arbeitsplatz sei als Vollzeitarbeitsplatz ausgestaltet, reicht nicht aus“, erklärt die Frankfurter Rechtsanwältin Pia Alexa Becker in der FAZ vom 3. April 2004. „Gefordert werden unter anderem auch Bemühungen des Arbeitgebers zur Einstellung einer Ersatzkraft – etwa eine Nachfrage beim Arbeitsamt und inner- oder außerbetriebliche Stellenausschreibungen. Aus den bislang vorliegenden Entscheidungen des Bundesarbeitsgerichts wird deutlich, dass Arbeitnehmer vor Gericht häufig Erfolg haben, weil Arbeitgeber die betrieblichen Gründe im Prozess nicht ausreichend darlegen.“

Am Schluss des Buches finden Sie einige aktuelle Urteile zu diesem Thema. Daraus wird ersichtlich, wie komplex die Materie ist.

Tipp: Im Zweifel ist Kompromissbereitschaft gefragt, und zwar von beiden Seiten. Der Gang vors Gericht sollte der allerletzte Schritt sein, zumal das so genannte Kostenrechts-Modernisierungsgesetz, das seit Juli 2004 in Kraft ist, zu einer erheblichen Steigerung von Anwalts- und Gerichtskosten führt.

Fazit: Das Teilzeit- und Befristungsgesetz stärkt die Verhandlungsposition des Arbeitnehmers und ermutigt ihn, seinen Teilzeitwunsch zu realisieren. Verstärkt wird diese Position durch das ausdrückliche gesetzliche Verbot, Arbeitnehmer zu benachteiligen (§ 6 TzBfG), weil sie ihre Rechte wahrnehmen. Eine darauf gestützte Kündigung wäre unwirksam (§ 134 BGB). Im nächsten Abschnitt gehen wir noch genauer darauf ein.

Tipp: Wenn Ihr Arbeitgeber nicht auf Ihren Antrag reagiert, bedeutet das Zustimmung. Lehnt er nicht spätestens einen Monat vor dem gewünschten Beginn schriftlich ab, dann ist die Sache für Sie gebongt (§ 8 Abs. 5 Sätze 2 und 3 TzBfG).

Achtung: Wenn Sie sich auf eine verringerte Arbeitszeit mit Ihrem Arbeitgeber geeinigt haben oder Ihr Wunsch berechtigt abgelehnt wurde, müssen Sie zwei Jahre mit einem neuen Antrag warten (§ 8 Abs. 6 TzBfG). Damit wird der Arbeitgeber vor einer Vielzahl von Anträgen und Änderungen in seinen betrieblichen Abläufen geschützt.

Habe ich rechtliche Nachteile durch die Teilzeitarbeit zu befürchten?

Wer Teilzeit arbeitet, ist rechtlich den Vollzeitkräften vollkommen gleichgestellt. Gleichbehandlung bedeutet, dass die arbeitsrechtlichen Bestimmungen unabhängig vom Umfang der Arbeitszeit oder ihrer flexiblen Gestaltung gelten, wenn ansonsten die Voraussetzungen erfüllt sind.

Wichtig ist ein schriftlicher Arbeitsvertrag bzw. ein entsprechender Nachtrag, wenn von Vollzeit- auf Teilzeit und umgekehrt gewechselt bzw. ein flexibles Arbeitszeitmodell angewendet wird. Daraus müssen vor allem hervorgehen

- die Arbeitsaufgabe,
- die Arbeitszeit,
- das Arbeitsentgelt,
- der Urlaubsanspruch,
- die Kündigungsfrist und
- die Sozialleistungen.

Tipp: Alles, was in der Betriebsvereinbarung oder im Tarifvertrag nicht eindeutig geregelt ist, sollte im Arbeitsvertrag stehen.

Achtung: Bei flexiblen Arbeitszeitformen reicht ein Verweis auf betriebliche Vereinbarungen nur dann aus, wenn es dort konkrete Angaben gibt.

Was die Arbeitszeit betrifft, hat der Gesetzgeber ebenfalls eindeutige Regeln aufgestellt. Die tägliche Arbeitszeit (einschließlich Samstag) ist auf acht Arbeitsstunden begrenzt, kann aber auf zehn Stunden verlängert werden. Bedingung: Innerhalb von sechs Monaten bzw. 24 Wochen muss die Mehrarbeit so ausgeglichen werden, dass der Durchschnitt acht Stunden beträgt. Als Ausgleich kommen auch arbeitsfreie Werktage in Betracht. Für flexible Teilzeitkräfte ist der Zeitausgleich deshalb nur ganz selten ein Problem.

Auch die sonstigen Schutzbestimmungen erfassen die Teilzeitkräfte mit: Bei einer Tagesarbeitszeit von mehr als sechs Stunden ist eine Pause von 30 Minuten und bei einer Tagesarbeitszeit von mehr als neun Stunden von 45 Minuten Pflicht.

Wer Teilzeit arbeitet, will in den meisten Fällen mehr freie Zeit gewinnen. Daher darf der Chef nicht einseitig Überstunden außerhalb der fest geplanten Arbeitszeiten anordnen. Ausnahmen sind Notfälle, in denen die Treuepflicht jedes Arbeitnehmers Überstunden erforderlich machen kann. Allerdings zahlen sich Überstunden für Teilzeitkräfte erst aus, wenn sie die übliche Vollzeitgrenze überschreiten. Das sehen zumindest die meisten Tarifverträge so vor und wurde vom Europäischen Gerichtshof bestätigt. Besteht von allen Seiten Einverständnis, kann die Arbeitszeit allerdings vorübergehend heraufgesetzt oder umverteilt werden. Die Praxis zeigt, dass gegenseitiges Entgegenkommen der richtige Weg zu funktionierender Teilzeit ist. Falls Sie sich bei der Lage Ihrer Arbeitszeit gegenüber Vollzeitkräften benachteiligt fühlen, können Sie sich allerdings wie folgt zur Wehr setzen:

Musterbrief:

Ständige Samstagarbeit

Sehr geehrte Damen und Herren,

seit mehreren Monaten mache ich als Teilzeitbeschäftigter regelmäßig jede Woche Samstagarbeit. Dabei habe ich festgestellt, dass außer mir ausschließlich weitere Teilzeitkräfte für diesen Dienst eingeteilt sind, während Vollzeitbeschäftigte offenbar davon freigestellt sind (siehe Kopie Dienstpläne).

Damit bin ich nicht einverstanden. Die Rechtslage ist so, dass laut Teilzeit- und Befristungsgesetz Teilzeitkräfte gegenüber Vollzeitkräften ohne sachlichen Grund nicht benachteiligt werden dürfen, auch nicht bei der Einteilung der Arbeit und der Gestaltung der Arbeitszeit.

Ich bitte Sie daher, die Einteilung zu überdenken und im Sinne der Gleichbehandlung zu überarbeiten.

Mit freundlichen Grüßen

Gleichbehandlung gilt auch bei Sozialleistungen des Unternehmens, sofern Teilzeitkräfte darauf Anspruch haben. Sie stehen ihnen dann entweder vollständig – wie Jubiläumsprämien – oder anteilig – wie Gratifikationen – zu. Wer allerdings nur vier Stunden am Tag arbeitet und somit keine gesetzliche Pause hat, dem steht unter Umständen auch kein Essengeldzuschuss zu, wie ihn Vollbeschäftigte bekommen.

Achtung: Die Nutzung von Freizeiteinrichtungen der Firma, verbilligte Firmenprodukte, Fahrgeldzuschüsse und betriebliche Altersvorsorge sind Vorzüge, die jedem Teilzeitarbeiter zustehen.

Wer krank wird, bekommt auch in Teilzeit nach sechs Wochen Krankengeld vom Unternehmen. Bei sehr flexiblen Teilzeitformen (z.B. Abrufarbeit) kann es sinnvoll sein, für Krankheitstage grundsätzlich nach dem Durchschnittsprinzip zu verfahren. Das heißt, wer an einem potenziellen Arbeitstag krank wird, verrechnet dafür die durchschnittliche tägliche Arbeitszeit mit seinem Gesamtbudget. Gehalt wird weitergezahlt.

Vier Wochen Urlaub steht laut Bundesurlaubsgesetz jedem Arbeitnehmer mindestens zu; längere Zeiten können Tarif- und Arbeitsvertrag enthalten. Sind im Unternehmen sechs Wochen üblich, hat auch der Teilzeitangestellte dieses Anrecht. Üblich ist derzeit ein Jahresurlaub von fünf bis sechs Wochen. Auch bei der Urlaubsdauer gilt das Gebot der Gleichbehandlung.

Wer an allen Arbeitstagen der Woche verkürzt arbeitet, bekommt ebenso viele Tage Urlaub wie die Vollzeitbeschäftigten im Unternehmen. Anders ist es bei jemandem, der nicht an allen Arbeitstagen der Woche oder des Monats arbeitet. Dann wird der Urlaubsanspruch entsprechend gekürzt.

Beispiel: Der Urlaub dauert im Unternehmen 30 Arbeitstage, gearbeitet wird normalerweise an fünf Tagen die Woche, der Betreffende kommt aber nur an drei Tagen. Dann errechnet sich sein Anspruch folgendermaßen:

$$\frac{30 \times 3}{5}$$

Heraus kommen 18 Tage Urlaub bzw. sechs arbeitsfreie Wochen. Würde man dies nicht nach dieser Maßgabe regeln, kämen im oben genannten

Beispiel (30 Tage Urlaub, 3 Tage Arbeit pro Woche) zehn Wochen Urlaub heraus, was sicherlich dem Grundsatz der Gleichbehandlung auch nicht entspräche.

Weitere Ansprüche auf bezahlte Freistellungen haben Teilzeitbeschäftigte kaum, da sie – von Notfällen abgesehen – aufgrund ihrer kürzeren Arbeitszeit und der flexiblen Arbeitszeitgestaltung fast immer in der Lage sein, Arztbesuche oder Behördengänge in die Freizeit zu legen.

Bei Kündigungsfristen und Kündigungsschutz gibt es keinerlei Unterschiede zwischen Vollzeit- und Teilzeitbeschäftigten: Der Bestandsschutz der Arbeitsverhältnisse besteht unabhängig vom Umfang der Arbeitszeit. Beide müssen mindestens sechs Monate im Unternehmen gearbeitet haben. Ausnahmen machen seit Anfang 2004 neue Kollegen in kleinen Unternehmen mit bis zu zehn Mitarbeitern.

Achtung: Kündigung muss immer letztes Mittel sein. Wenn zum Beispiel betriebsbedingt eine Teilzeit- durch eine Vollzeitstelle ersetzt werden muss, darf diese Stelle nicht einfach durch Kündigung frei gemacht und neu besetzt werden. Zuerst muss der Teilzeitkraft die Vollzeitarbeit angeboten werden. Dann wäre zu überlegen, ob es nicht genügt, eine weitere Teilzeitkraft einzustellen. Erst wenn das alles nicht funktioniert, kommt eine Kündigung in Betracht.

Tipp: Teilzeitbeschäftigte dürfen bei der Sozialauswahl nicht von vornherein als weniger sozial schutzbedürftig eingestuft werden. Kriterien für die Sozialauswahl wie Dauer der Betriebszugehörigkeit, Lebensalter, Unterhaltspflichten und Schwerbehinderung gelten unabhängig von der Arbeitszeit.

Auch wer sich weigert, von einer Vollzeit- in eine Teilzeitstelle zu wechseln, kann nicht gekündigt werden. Das geht nur über eine Vereinbarung zwischen beiden Seiten. Alles andere ist unwirksam.

Verbaue ich mir mit Teilzeit nicht alle Chancen auf beruflichen Aufstieg?

Das Recht ist in dieser Frage eindeutig auf Ihrer Seite. Wie die Sache im Einzelnen in den Unternehmen gehandhabt wird, ist natürlich die andere Seite der Medaille.

Achtung: Es kann also nicht ausgeschlossen werden, dass Sie Nachteile erfahren.

Allerdings haben Sie das Recht, sich dagegen zu wehren, wenn die Benachteiligung allein damit begründet wird, dass Sie nicht Vollzeit arbeiten.

Tipp: Das Teilzeit- und Befristungsgesetz regelt eindeutig, dass Teilzeitarbeit im Hinblick auf Karrierechancen, Höhe des Arbeitsentgelts und die Akzeptanz keine Arbeit „zweiter Klasse“ ist.

Dies verdeutlicht die an das EU-Recht angepasste Antidiskriminierungsvorschrift für alle Teilzeitbeschäftigten, einschließlich der geringfügig Beschäftigten: Ein teilzeitbeschäftigter Arbeitnehmer darf wegen der Teilzeitarbeit nicht schlechter behandelt werden als ein vergleichbarer vollzeitbeschäftigter Arbeitnehmer.

Achtung: Zulässig ist eine unterschiedliche Behandlung grundsätzlich also nur, wenn sie nicht in der Teilzeitarbeit begründet ist, sondern etwa in unterschiedlicher Arbeitsleistung, einer geringeren Qualifikation oder Berufserfahrung.

Das betrifft Beförderungen ebenso wie Fördermaßnahmen oder Aus- und Weiterbildungen. Sie dürfen nicht allein deshalb verweigert werden, weil der Betreffende Teilzeit arbeitet.

Kann ich bei Bedarf wieder zur Vollzeitarbeit zurückkehren?

Wenn Sie als Vollzeitbeschäftigter nach einer Zeit der Teilzeitarbeit – etwa zur Kinderbetreuung – wieder zu Ihrer früheren Arbeitszeit zurückkehren wollen, können Sie das laut Gesetz tun.

Wenn Sie als Teilzeitkraft eingestellt worden sind, haben Sie allerdings keinen Rechtsanspruch auf Verlängerung Ihrer Arbeitszeit.

Tipp: Ihr Arbeitgeber muss Sie in diesem Fall allerdings in der Regel bevorzugt berücksichtigen, wenn er eine passende Vollzeitstelle neu besetzen will.

3. Begrenzen: Zeiten einplanen, in denen Sie nicht erreichbar sind

Nicht nur zusätzliche Freizeit hat einen besonderen Wert in einer hektischen Zeit wie unserer. Auch die Art, wie mit vorhandener Freizeit umgegangen wird und wie man sie von Zeiten der Berufstätigkeit abgrenzt, kann einen erheblichen Gewinn bringen.

Feierabend, Leute!

Flexibilität bis zur Unkenntlichkeit scheint ein Gebot unserer globalen Welt zu sein. Arbeitgeber erwarten in den meisten Stellenanzeigen Flexibilität und Mobilität von ihren Mitarbeitern, also weitgehende Unabhängigkeit von zeitlichen, räumlichen und inhaltlichen Zwängen. Verwurzeltes, Dauerhaftes, Traditionelles scheint nichts mehr Wert zu sein. Gefragt ist der Mitarbeiter ohne Bindung, ungeduldig, süchtig nach Abwechslung. Geboten wird eine dynamische, flache und zerstreute Organisationsform, die sich immer mehr auflöst. Innovationen überschlagen sich um ihrer selbst willen, Erfahrungen der Alten zählen nicht mehr und die Individualisierung schreitet unaufhaltsam voran. Die Bedeutungslosigkeit von Ort und Zeit hat mit dem Internet ein ideales Medium gefunden, das zudem selbst ständig im Umbau begriffen ist. Für den einzelnen Arbeitnehmer sind Begriffe wie fester Arbeitsplatz und geregelte Arbeitszeit Fremdwörter. Es gibt keine Trennung mehr von beruflich und privat. Im Job sind alle wie eine Familie und in der Freizeit wird fleißig weitergearbeitet. Wer Feierabend macht, um Frau bzw. Mann und Kinder zu sehen, wird als Verlierer abgestempelt. Wenn Freizeit, dann mit Power. Erlebnissafari, Extremsport, Survivaltouren, Sprachreisen sind das Mindeste. Am besten, mit Kollegen, damit man gleich noch neue Ideen kreieren kann... Das alles ist keine Zukunftsmusik, sondern vielfach schon Realität. Dass dabei der Einzelne Gefahr läuft, seine Identität zu verlieren, bindungslos und bindungsunfähig und vor allem von der Angst aufgefressen zu werden, dieses irrsinnige Tempo nicht mithalten zu können, ist kein Wunder. Die ständige Verfügbarkeit für Belange des Jobs und die damit verbundene Vernachlässigung aller anderen Lebensbereiche, vor allem aber die Unfähigkeit, abzuschalten und innezuhalten, machen garantiert nicht glücklich.

Tipp: Ein erster wichtiger Schritt hin zu einem Ausstieg auf Zeit ist es daher, sich zeitliche Freiräume zu gönnen, in denen alles wichtig ist – nur nicht Probleme des Jobs. Das können der tägliche Feierabend sein, das Wochenende, Tage, in denen Überstunden abgefeiert werden, oder der Urlaub.

Bei aller Notwendigkeit und Sinnhaftigkeit von Veränderungen im Arbeitsbereich: Die scheinbare Freiheit, die flache Hierarchien und Teamarbeit in vielen Unternehmen bieten, wird vielfach dazu missbraucht, den Rahmen um diese Freiräume immer größer zu ziehen. In der irrigen Annahme, diesen wachsenden Raum unbedingt ausfüllen zu müssen, verbringen Arbeitnehmer viel mehr Zeit im Büro, als sie müssen, nehmen sich Arbeit mit nach Hause, arbeiten in der Bahn, am Wochenende und im Urlaub. Ohne es zu merken, werden sie arm. Das Geld stimmt zwar, aber alle Lebensbereiche außerhalb des Jobs verkümmern, es gibt keine Anregungen und Anstöße mehr von außen. Das Ergebnis ist eine eingeengte Perspektive, wachsende Unzufriedenheit und Einsamkeit.

Tipp: Machen Sie Feierabend, wenn die Zeit gekommen ist und Sie zufrieden mit sich sind. Ziehen Sie die Bürotür – auch die in Ihrem Kopf – ganz fest hinter sich zu. Und lassen Sie sich kein schlechtes Gewissen dafür einreden, dass es in Ihrem Leben noch andere wichtige Dinge neben der Arbeit gibt.

Die neue Lust auf Langsamkeit

Neben der ständigen Verfügbarkeit ist ein ebenso ständiger Zeitmangel eine typische Erscheinung unserer schnellen Zeit. Zumindest für die Menschen, die Arbeit haben. Termine und Terminkalender drängen, selbst die Freizeit wird vielfach bis auf die letzte Minute verplant. Doch wer einige Jahre unter dem Stress gelebt hat, ständig der Zeit hinterherrennen zu müssen, sehnt sich zumindest in seiner Freizeit nach dem Gegenteil: nach Besinnung, Ruhe und Langsamkeit. Wer seine wenige freie Zeit optimal nutzen will, sollte daher einmal versuchen, weniger, aber das dafür genussvoll zu tun. Mit dieser Lust auf Langsamkeit beginnen immer mehr Menschen, sich dem ständigen Stress und exaktem Timing zu widersetzen.

Der ehemalige New-Economy-Workaholic Alexander S. gehört zu den neuen Trödlern. Lange Zeit war es ihm egal, wann die Sonne morgens aufging und abends wieder verschwand. Bis spät in die Nacht saß der Jungunternehmer vor seinem Computermonitor – typisch für die Workaholics der New Economy. Die Arbeit war wie ein Rausch, die Firma wuchs in atemberaubendem Tempo und damit auch die Verantwortung der Geschäftsführung. Heute sieht man den Manager immer öfter im grünen Gürtel Berlins beim Angeln und Bummeln. Auch seinen Mitarbeitern verschreibt er regelmäßige Auszeiten – zum Faulenzen und Entspannen.

Europaweit haben sich Menschen in Gruppen zusammengeschlossen, um zu beweisen, dass es einen Gegenentwurf zu Stress und Zeitnot gibt. Gegen Hast beim Essen entstand Mitte der 80er Jahre in Italien die „Slow Food“-Bewegung. Inzwischen ist Slow Food eine internationale Bewegung, zu der Slow Food Deutschland e.V. und seine Mitglieder gehören. Auf allen Kontinenten existieren Slow Food-Organisationen und bilden ein internationales Netzwerk. In Deutschland kommen heute rund 50 Regionalgruppen, so genannte Convivien, regelmäßig zu langem Kochen, Kosten und Genießen zusammen (www.slowfood.de).

Eine ganz ruhige Erfolgsgeschichte ist auch der „Verein zur Verzögerung der Zeit“, der 1990 an der Universität Klagenfurt (Österreich) vom dortigen Professor Peter Heintel gegründet wurde. Der Verein selbst sieht sich als das „wohl umfangreichste Netzwerk von Zeit-Sachverständigen und Zeit-Interessierten im deutschsprachigen Raum. Es geht den Mitgliedern um einen neuen, gesünderen, menschlichen Umgang mit

Zeit in allen Bereichen." Die Gefahr der Schnelllebigkeit wird beschrieben als „hektische Betriebsamkeit, die ins Ziellose geht. Wir wissen aus therapeutischen Bezügen, dass dieser Aktionismus etwas mit der Flucht vor den wahren Problemen und der Furcht vor einer ungewissen Zukunft zu tun hat. Den blinden Aktionismus hat es in der Geschichte immer wieder gegeben, zum Beispiel wenn Gesellschaftssysteme auseinander brachen und traditionelle Werte nicht mehr galten." Wer Mitglied im Verein werden will – rund 1.000 Mitglieder hat er bereits –, muss sich lediglich, wie es in den Statuten heißt, „verpflichten, innezuhalten, und dort zum Nachdenken auffordern, wo blinder Aktivismus und partikuläres Interesse Scheinlösungen produziert." Jedes Mitglied erhält die Informationen aus dem zentralen Vereinsbüro, das Forumsblatt „Die ZEITpresse", kann sich aus dem Fundus des Vereins (Sammlung von Aufsätzen und Materialien rund um das Thema ZEIT) bedienen, kann selbst veröffentlichen und erhält Unterstützung bei der Suche nach Projektpartnern oder Materialien. Je nach Region kommt es auch zu örtlichen Treffen, wenn die Mitglieder es wünschen.

Darüber hinaus besteht die Möglichkeit, am jährlichen Symposium beziehungsweise Forum teilzunehmen, welche dem Austausch untereinander und mit ausgewiesenen Zeitexperten dienen (www.zeitverein.com).

Langsamkeit kann man auch im idyllischen Chiemgau-Ort Polling in Bayern lernen. Hier betreibt das Psychologen-Paar Margot und George Pennington sein Seminarhaus „Lenzwald". Eine der Spezialitäten: fünftägige „Zeitlupen"-Kurse. Hier lässt man sich darauf ein, sich der eigenen inneren Getriebenheit zu stellen – und zu lernen, willentlich aus ihr auszusteigen. Die Zeitlupe ist eine Erfahrung, von der man lebenslang profitiert: Sie behebt Burnout-Symptome nachhaltig und lehrt einen guten Umgang mit innerem und äußerem Stress.

Gewohnte Bewegungsabläufe werden bewusst verlangsamt. Dadurch verändert sich die subjektive Wahrnehmung von Raum und Zeit: Sie werden weiter und erschließen ungeahnte innere Freiräume. Im Seminar bewegen sich die Teilnehmer drei Tage lang nur extrem langsam und sprechen, wenn überhaupt, nur ein Wort pro Atemzug. Während dieser drei Tage gibt es keine Pause, d.h. die Verlangsamung der gewohnten Bewegungsabläufe dauert ohne Unterbrechung 72 Stunden lang. Das

Aufstehen am Morgen, das Essen, der Gang zur Toilette – alles geschieht extrem langsam. Während der Zeitlupe treffen sich die Teilnehmer zweimal täglich zum Gespräch. Der letzte Tag dient dem Verdauen des Erlebten, dem Austausch im Kreis der Gruppe und der Vorbereitung auf den Alltag, der nach einer solchen Erfahrung natürlich etwas anders aussieht als gewohnt (www.lenzwald.de/zeitlupe.html).

Tut Müßiggang wirklich gut?

Aber ist es wirklich so süß, das Nichtstun? Manchen Gehetzten schafft Langsamkeit nur Gelegenheit für zähe Trägheit, dunkle Gefühle und marternde Selbstzweifel. Viele, sagt George Pennington, wollen dem Geheimnis der Zeit lieber gar nicht auf den Grund gehen. Sie bekommen es mit der Angst zu tun, ganz auf sich selbst zurückgeworfen zu werden.

Auch der gebürtige Ungar und Wirtschaftspsychologe Mihaly Csikszentmihalyi, heute Professor für Unternehmensführung in Kalifornien, ist davon überzeugt, dass Menschen nicht zum Faulenzen bestimmt sind. Zwar wünschen sich die meisten Menschen mehr Freizeit, aber sie können mit einer längeren unstrukturierten Zeit ohne sinnvolle Beschäftigung wenig anfangen. Das sieht man schon daran, dass viele Menschen nichts mit der plötzlichen Leere des Sonntags anzufangen wissen und trübsinnig werden. „Der Sonntagmorgen-Blues tritt öfter auf als der Montagsblues“, stellte er in einem Focus-Interview fest. „Ferien, in denen wir nur am Strand liegen, machen uns nicht glücklich.“ Allerdings ist es wichtig, in der freien Zeit etwas wirklich anderes als während der Arbeit zu tun. Sport ist ein sehr guter, aktiver Ausgleich, aber auch – und das trifft besonders auf den Urlaub zu – mentale Erlebnisse wie das Entdecken von etwas Neuem, Fremdem. Allerdings ist auch das Bedürfnis, in der Freizeit die Freiheit „so richtig zu genießen“ und möglichst viel zu erleben, nicht ganz unbedenklich. „Man verbringt die freien Wochen fast wie im Rausch“, so Csikszentmihalyi. „Danach bleiben noch ein paar Entzugserscheinungen, eine miese Stimmung nach der Rückkehr, aber nichts von Dauer. Es wäre allerdings sehr viel besser, wenn wir Arbeit und Freizeit das ganze Jahr hindurch miteinander verbinden könnten. So wie die alten Römer: Während der Aufenthalte in ihren Landhäusern faulenzten sie nicht nur, sondern sie produzierten Wein und Olivenöl für den nächsten Winter."

Tipps gegen Stress in den schönsten Wochen des Jahres

Millionen freuen sich im Sommer auf den Urlaub. Schließlich soll die bürofreie Zeit Erholung und Entspannung bringen. Doch 57 Prozent der Deutschen erleben die lang ersehnte Sommerfrische als kalte Dusche: Streit mit dem Partner oder der Familie, enge Hotelzimmer und unerfüllte Erwartungen machen Erholung unmöglich. Aber der Urlaubsstress lässt sich begrenzen.

Achtung: Zunächst einmal sollte man sich von der Vorstellung lösen, je teurer ein Urlaub sei, desto schöner müsse er werden.

Insbesondere Paare sollten vor dem Urlaub genau klären, welche unterschiedlichen Wünsche und Bedürfnisse mit der Reise verbunden werden. Sind genügend gemeinsame Interessen vorhanden? Will der eine nur in der Sonne liegen, während der andere Besichtigungstouren machen möchte? Besteht die Erwartung, alles gemeinsam zu machen, oder gestehe ich dem anderen zu, etwas ohne mich zu unternehmen? Diese Fragen sollten vorab geklärt werden. Unter Umständen sollten Paare (auch mal) getrennt in die Ferien fahren, wenn die Bedürfnisse zu unterschiedlich sind. Im Idealfall bietet Urlaub genau das, was im Alltag und durch die Arbeit zu kurz kommt. Aber auch darauf müssen Körper und Seele vorbereitet werden.

Tipp: Darum sollte bereits zwei Tage vor dem Start mit einem Mini-Urlaub begonnen werden – Essen gehen, bummeln, relaxen. Wer im Job bis zur letzten Minute powert, in der Nacht Koffer packt und im Morgengrauen aufbricht, braucht sich über massiven Protest von Körper und Psyche nicht wundern.

Und auch am Urlaubsort sollte man mindestens in den ersten drei Tagen alles ganz langsam angehen lassen, damit die Erholung nicht zum Dauerstress wird. Schließlich helfen die Ferien auch, danach den Anforderungen des Jobs wieder besser gewachsen zu sein. Urlaub kann eine Chance sein, Veränderungen für den Alltag vorzubereiten. Wer im Urlaub zum Beispiel mit einem Sport beginnt und ihn auch im Alltag fortsetzt, kann sein Erholungsreservoir immer wieder auffüllen. Wer seine Ernährungsgewohnheiten umstellt und dies zu Hause weiterführt, kann viel vom Urlaubsgefühl herüberretten. Wer im Urlaub mehr Zeit für Gespräche mit dem Partner findet, kann diese Phasen auch im Alltag einplanen.

Allmählich vom Job zur Freizeit übergehen

Besonders Manager leiden in ihrer Freizeit unter einem Phänomen, das eben schon kurz anklang: Ruhetagsbeschwerden. Sie bekommen Kopfschmerzen oder Erkältungssymptome, sind erschöpft oder von Übelkeit geplagt, zeigt einer Untersuchung der holländischen Universität Tilburg, die auf Interviews mit rund 1.900 Versuchspersonen basiert.

Für die plötzlich auftretenden Krankheitssymptome sind demnach hoher beruflicher Druck, Stressreaktionen des Körpers und bestimmte Persönlichkeitsmerkmale verantwortlich: Menschen, die häufig in der Freizeit kränkeln, bewältigen typischerweise ein überdurchschnittliches Arbeitspensum und engagieren sich stark für ihren Beruf. Zeitweilig sind die Betroffenen so in ihre Arbeit vertieft, dass sie Krankheitssymptome gar nicht bemerken oder einfach ignorieren. Erst wenn sie für eine gewisse Zeit zur Ruhe kommen, nehmen sie ihre Erschöpfung oder Schmerzen wahr. Zudem entwickelt der Körper bei akutem Stress eine erhöhte Widerstandskraft gegen Krankheiten. In ruhigeren Zeiten lässt die körperliche Abwehr wieder nach und Viren und Bakterien können ihre Arbeit tun.

Achtung: Auf körperliche Botschaften zu hören, fällt insbesondere Topmanagern schwer.

In ihrer knappen Freizeit werden sie dann von somatischen Beschwerden geplagt, die von Nervosität und Unrast bis hin zu Schlaflosigkeit und Grippe reichen. Sie fühlen sich körperlich wie gelähmt, sobald ein

Urlaub beginnt. Wer in einem sehr stressigen Job arbeitet, sollte daher nicht versuchen, sofort auf Urlaubsstimmung umzuschalten.

Tipp: Stattdessen ist es unter Umständen sogar empfehlenswert, sich für die ersten Ferientage etwas Arbeit mitzunehmen und die beruflichen Aktivitäten peu à peu ausklingen zu lassen.

Auch Sport kann helfen, Körper und Geist auf die arbeitsfreie Zeit vorzubereiten, denn körperliche Aktivitäten unterstützen die Anpassung physiologischer Prozesse von einer Stress- auf eine Entspannungsphase. Eine regelmäßige Partie Tennis oder Golf am Freitagabend reichen manchmal schon aus, um gesund durch das Wochenende zu kommen.

Achtung: Meist muss aber mehr getan werden, um das Problem in den Griff zu bekommen.

Dazu gehört etwa das Erlernen von Stressmanagement und Entspannungstechniken wie Yoga oder autogenes Training. Wichtig ist es aber auch, die eigene Arbeit sowie die innere Einstellung zum Beruf und zu anderen Lebensbereichen kritisch zu überprüfen.

4. Befristen: Teilzeit ist nicht nur für Mütter und Senioren geeignet

Insgesamt schätzen sowohl das Bundeswirtschaftsministerium als auch Wirtschaftsforscher und zunehmend Arbeitgeber Teilzeitbeschäftigungen als richtigen und positiven Trend ein. Mit Ihrem Wunsch auf Verkürzung der Arbeitszeit oder einer Arbeitspause liegen Sie also vollkommen richtig. Verschiedene namhafte Wirtschaftsinstitute wie das Institut für Arbeitsmarkt- und Beschäftigungsforschung (IAB) der Bundesagentur für Arbeit und das Deutsche Institut für Wirtschaftsforschung (DIW) haben in Untersuchungen festgestellt, dass Teilzeitarbeit zur Sicherung von Beschäftigung und sogar zum Aufbau von Arbeitsplätzen beiträgt.

„Die überholte Vorstellung, Teilzeitarbeit bringe nur dem Arbeitnehmer Vorteile, erhöhe die Arbeitskosten und verringere die Arbeitsproduktivität ist durch wissenschaftliche Untersuchungen widerlegt“, ist in einem Artikel des „Bundesarbeitsblattes“ (herausgegeben vom Bundesministerium für Wirtschaft und Arbeit, Ausgabe 11/2002) zu lesen. Und: „Es besteht kein genereller Kostennachteil gegenüber Vollzeitarbeit. Mehrkosten durch die Ausweitung von Teilzeitarbeit werden regelmäßig durch Produktivitätsgewinne kompensiert.“

Unter dem Eindruck des schon erwähnten Teilzeit- und Befristungsgesetzes aus dem Jahr 2001 ist die Zahl der Teilzeitbeschäftigten gewachsen und beträgt über 20 Prozent. Im Bereich der öffentlichen und privaten Dienstleistungen sogar 35 Prozent, in anderen Branchen deutlich weniger (siehe Grafik 1).

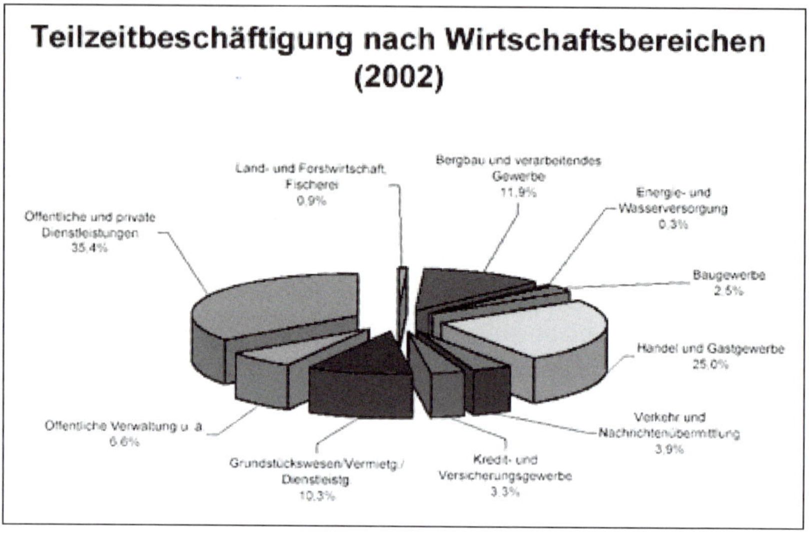

Grafik 1: Teilzeitbeschäftigung nach Wirtschaftsbereichen (2002)

Quelle: Bundesministerium für Wirtschaft und Arbeit

Die Befürchtung vieler Arbeitnehmer, dass ihr Wunsch vom Arbeitgeber nicht akzeptiert wird, hat sich nicht bestätigt: In deutlich über 90 Prozent aller Fälle haben die Unternehmen den Wünschen ihrer Mitarbeiter entsprochen. Die wenigen Ablehnungen kamen vorwiegend in Kleinbetrieben vor. Auch die von Wirtschaftsverbänden vorhergesagte Flut von Klagen und Prozessen ist nicht eingetreten. In den meisten Fällen, in denen Mitarbeiter ihren Anspruch auf Teilzeit einklagen mussten, gaben ihnen die Gerichte Recht. Es wurde in einigen Fällen aber auch deutlich gemacht, dass die gewünschte Arbeitszeit in das Organisationskonzept des Unternehmens passen muss.

Und noch etwas sollte Ihre Entscheidung für mehr Freizeit beflügeln: Sie liegen damit international im Trend. Innerhalb der EU und Norwegens hat bereits Ende der 90er Jahre eine Umfrage ergeben, dass mehr als 50 Prozent der Befragten zwischen 14 und 64 Jahren (Erwerbstätige und Nichterwerbstätige) gern weniger arbeiten würden. Dafür wären sie zu Einkommenseinbußen bereit. Männer wünschten sich laut dieser Umfrage die 37-Stunden-Woche, während die Frauen lieber 30 Stunden pro Woche arbeiten würden. Absoluter Spitzenreiter und Vorbild in Europa in Sachen Teilzeit ist die Niederlande. Hier haben 2001 mehr als 40 Prozent der Berufstätigen in Teilzeit gearbeitet. Schlusslicht ist Griechenland mit 4,1 Prozent. Deutschland liegt mit gut 20 Prozent im Mittelfeld gemeinsam mit Ländern wie Dänemark und Schweden (siehe Grafik 2)

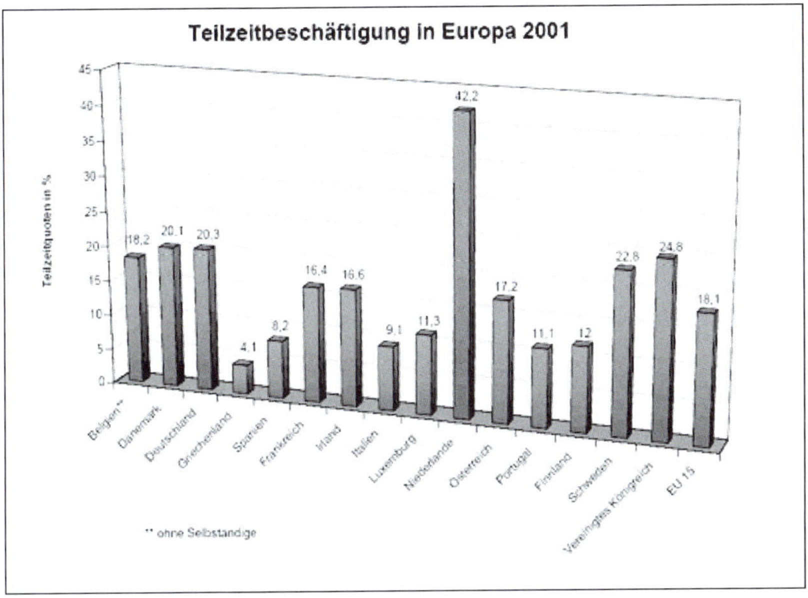

Grafik 2: Teilzeitbeschäftigung in Europa 2001

Quelle: Bundesministerium für Wirtschaft und Arbeit

Vor diesem günstigen Hintergrund sollten Sie an die Überlegung gehen, welches Arbeitszeitmodell für Sie die besten Voraussetzungen bietet. In manchen Unternehmen werden in Form von Betriebsvereinbarungen bereits eins oder mehrere Modelle zur Auswahl vorgegeben. Dabei handelt es sich meist nicht um klassische Arbeitszeitverkürzungen, sondern um Modelle mit Zeitkonten oder in Form von Vertrauensarbeitszeit. Hier werden persönliche Wünsche und Anforderungen des Teams bzw. des Unternehmens weitgehend in Übereinstimmung gebracht und entweder Arbeitszeit auf Konten gesammelt bzw. die Arbeitszeit so weit individualisiert, dass keine formelle Erfassung und Abrechnung von Arbeits- und Freizeit mehr stattfindet. Dazu im nächsten Kapitel mehr.

In diesem Kapitel sollen zunächst die Formen „klassischer" Teilzeitarbeit vorgestellt werden, die auch innerhalb anderer flexibler Arbeitszeitmodelle wie Gleitzeit oder Jahresarbeitszeit möglich sind. Außerdem werden die Elternzeit mit ihren Teilzeitmöglichkeiten sowie die Altersteilzeit kurz vorgestellt.

Teilzeit classic: Täglich mehr Freizeit

Wer sich täglich etwas mehr Freizeit – etwa für die Kinderbetreuung oder die Pflege von Angehörigen oder etwa für ein Abendstudium – wünscht, wählt häufig die klassische Teilzeit. Bei dieser Form wird die tägliche Arbeitszeit regelmäßig um die gewünschte Stundenzahl reduziert, die Arbeitszeit wird gleichmäßig verteilt und liegt fest.

Beispiel: die 30-Stunden-Woche, bei der täglich an fünf Tagen der Woche sechs Stunden etwa von 8 bis 14 Uhr gearbeitet wird. Eine (bezahlte) Mittagspause kann hier nicht beansprucht werden, da diese den Arbeitnehmern erst ab einer Arbeitszeit von mehr als sechs Stunden gesetzlich zusteht.

Teilzeit classic im Überblick

Arbeitszeit pro Woche: 5 Tage
Lage der Arbeitszeit: täglich gleich, feststehend
Freizeitgewinn: täglich einzelne Stunden
Geeignet für: alle Mitarbeiter, auch Fachkräfte

Teilzeit classic Vario: Ganze freie Tage pro Woche

Mehr Freiraum und Varianten als die klassische Teilzeit bietet diese Form. Sie eignet sich für all jene, die einen oder mehrere Tage in der Woche frei nehmen müssen oder möchten, etwa für externe Weiterbildungen, für ehrenamtliche Tätigkeiten, für einen Nebenjob, für den Einstieg in die Selbstständigkeit oder für regelmäßige Erledigungen im familiären Bereich. Die wöchentliche Arbeitszeit wird – natürlich in Absprache mit dem Vorgesetzten – auf zwei bis fünf Tage verteilt. Dabei kann sowohl die täglich als auch die wöchentliche und sogar die monatliche Arbeitszeit variieren, sogar die Kombination von Vollzeit- und Teilzeit ist möglich. Aus Sicht des Arbeitgebers können mit diesem Modell Schwankungen im Arbeitsanfall – Flauten und Arbeitsspitzen – effizient ausgeglichen werden.

Beispiele: Der Arbeitnehmer wählt eine Drei-Tage-Woche bei einer wöchentlichen Arbeitszeit von 15 Stunden. Er arbeitet montags von 8 bis 14 Uhr, dienstags von 8 bis 12 Uhr und donnerstags von 10 bis 15 Uhr. Wählt er eine Vier-Tage-Woche mit 24 Wochenstunden, kann er an vier Tagen sechs Stunden zu Zeiten arbeiten, die er im Rahmen der betrieblichen Anforderungen frei wählt. Natürlich kann er auch zum Beispiel dienstags und mittwochs Vollzeit arbeiten sowie donnerstags und freitags je vier Stunden.

Teilzeit classic Vario im Überblick

Arbeitszeit pro Woche: 2 bis 5 Tage Teilzeit oder Voll- und Teilzeit kombiniert
Lage der Arbeitszeit: kann beliebig variieren
Freizeitgewinn: täglich einzelne Stunden oder/und ganze freie Tage
Geeignet für: alle Mitarbeiter, auch Fach- und Führungskräfte

Teilzeit team: Variable Verteilung im Team

Dies ist die flexibelste Form klassischer Teilzeitarbeit. Sie gibt ausschließlich vor, wie viele Mitarbeiter nach dem Willen des Arbeitgebers in bestimmten Zeitabschnitten anwesend sein müssen. Die Mitarbeiter bilden entsprechende Teams und planen innerhalb der Teams selbstständig, wer wann und wie lange anwesend ist. Dabei können Voll- und Teilzeitkräfte miteinander arbeiten. Neben persönlichen Wünschen fließen hier immer auch die Wünsche der anderen Teammitglieder und betriebliche Erfordernisse ein. Die Pläne können sich ständig verändern und auch kurzfristige Änderungen sind nach Absprachen möglich. Der Vorteil dieser Variante für die Arbeitnehmer besteht wohl darin, dass die Freizeit sehr flexibel geplant werden kann. Es sind sowohl täglich freie Zeiten als auch ganze freie Tage und Wochen möglich.

Achtung: Allerdings muss auch damit gerechnet werden, dass sich die individuellen Wünsche nicht immer durchsetzen lassen.

Daher funktioniert diese Variante nur, wenn die Teammitglieder die nötige Toleranz und das nötige Verantwortungsbewusstsein mitbringen, um im Sinne des Kollektivs auch mal auf eigene Vorstellungen verzichten zu können. Arbeitgeber stellen mit dieser Form sicher, dass Arbeitszeit optimal ausgenutzt wird sowie Kern- und Servicezeiten gut besetzt sind.

Beispiel für eine Teilzeit im Team: Der Arbeitgeber gibt vor, dass ein Team aus fünf Mitarbeitern die tägliche Servicezeit von 8 bis 20 Uhr wie folgt zu besetzen hat: Zwei Mitarbeiter von 8 bis 10 Uhr, drei Mitarbeiter von 10 bis 16 Uhr und zwei Mitarbeiter von 16 bis 20 Uhr. Die wöchentliche Arbeitszeit beträgt 30 Stunden, jeder arbeitet zum Beispiel 6 Stunden pro Tag. Zwar scheint die Planung auf den ersten Blick kompliziert zu sein. Aber mit entsprechenden Planungshilfen dürfte es bei Teams dieser Größe kein wesentliches Problem sein.

Teilzeit team im Überblick

Arbeitszeit pro Woche: 2 bis 5 Tage pro Woche, Vollzeit, Teilzeit oder tageweise beides kombiniert
Lage der Arbeitszeit: frei planbar, nur die Vorgaben des Arbeitgebers müssen erfüllt werden
Freizeitgewinn: täglich einzelne Stunden, ganze Tage oder Wochen
Geeignet für: alle Mitarbeiter, auch Fachkräfte

Teilzeit saison: Längere Freizeitphasen

Diese Form eignet sich besonders für Unternehmen, die in ihrer Produktion bzw. ihrem Service stark saisonabhängig sind. Zu denken ist hier beispielsweise an Baubetriebe, aber auch bestimmte Unternehmen der Lebensmittelindustrie, des Tourismus oder der Gastronomie bzw. Hotellerie.

Diese Form der Teilzeitarbeit beruht darauf, dass Arbeitskräfte in Zeiten der Überlastung bzw. in der Hochsaison Vollzeit beschäftigt werden und bei extrem niedriger Auslastung frei haben. Sie erhalten das ganze Jahr über ein Durchschnittseinkommen und genießen durchgehenden Sozialversicherungsschutz. Das Unternehmen kann auf Entlassungen verzichten und erspart sich die teure Mitarbeitersuche und -einarbeitung vor Beginn der nächsten Saison. Die Mitarbeiter haben einen längeren zusammenhängenden Freizeitblock, den sie aber auch für Nebenjobs oder nebenberufliche Selbstständigkeit nutzen können.

Beispiel für eine saisonbedingte Teilzeitarbeit: Die Saison dauert vier Monate, von Juni bis September. In dieser Zeit wird voll, das heißt fünf Tage in der Woche acht Stunden gearbeitet. Die restlichen acht Monate sind frei, das Gehalt fließt anteilig – in diesem Fall in Höhe von einem Drittel des Vollzeitgehaltes – weiter. Natürlich sind auch andere Varianten denkbar, etwa dass die Saison zweimal im Jahr drei Monate dauert. Dann haben die Mitarbeiter ein halbes Jahr bezahlte Freizeit, das heißt sie bekommen ihr Gehalt – ein halbes Vollzeitgehalt – weiter gezahlt.

Teilzeit saison im Überblick

Arbeitszeit pro Woche: 5 Tage Vollzeit (in der Saison)
Lage der Arbeitszeit: täglich gleich, feststehend (in der Saison)
Freizeitgewinn: außerhalb der Saison ganze Monate
Geeignet für: alle Mitarbeiter, auch Fachkräfte

Teilzeit home: Arbeiten von zu Hause und täglich mehr Freizeit

Neben der klassischen Telearbeit in Vollzeit, auf die wir in Kapitel 6 noch etwas näher eingehen wollen, besteht natürlich auch zu Hause die Möglichkeit, verkürzt zu arbeiten. Hierbei können die Vorteile der Telearbeit – keine Anfahrtswege ins Unternehmen, bessere Möglichkeiten zur Betreuung von Kindern oder anderen Familieangehörigen – mit den Vorzügen der Teilzeitarbeit verknüpft werden (natürlich hat Telearbeit nicht nur Vorteile; mehr dazu jedoch später). Nach Vereinbarung mit dem Arbeitgeber bzw. nach Arbeitsanfall kann man sich die Lage und Dauer der täglichen Arbeitszeit vollkommen frei einteilen und erhält je nach Bedarf täglich freie Zeit bzw. ganze freie Tage.

Achtung: Allerdings verlangt diese Form der Tätigkeit ein hohes Maß an Eigenverantwortung und Selbstdisziplin, ähnlich wie bei der beruflichen Selbstständigkeit.

Der Vorteil der Telearbeit gegenüber Selbstständigkeit liegt darin, dass man sich um Aufträge nicht selbst bemühen muss, sondern weisungsgebunden arbeitet wie jeder andere Arbeitnehmer. Neben der Tätigkeit für diesen Arbeitgeber besteht hierbei die Möglichkeit für Nebenjobs bzw. für selbstständige Arbeit. In der Regel nimmt der Telearbeiter in regelmäßigen Abständen an Beratungen seines Teams teil bzw. verbringt ganze Arbeitstage im Unternehmen, damit der Kontakt erhalten bleibt.

Beispiel für eine Teilzeitarbeit von zu Hause aus: Die wöchentliche Arbeitszeit beträgt 24 Stunden, der Mitarbeiter verteilt sie auf vier Tage in der Woche zu je sechs Stunden. Im Vergleich zu einem Vollzeit tätigen Kollegen im Unternehmen spart er neben der An- und Abfahrtszeit täglich zwei Stunden und einen ganzen Tag.

Teilzeit home im Überblick

Arbeitszeit pro Woche: 2 bis 5 Tage, Vollzeit und Teilzeit kombiniert oder nur Teilzeit
Lage der Arbeitszeit: entsprechend Arbeitsanfall und nach Absprache frei wählbar
Freizeitgewinn: ganze Tage oder/und einzelne Stunden pro Tag
Geeignet für: alle Mitarbeiter, auch Fachkräfte

Teilzeit calling up: Mehr Freizeit durch Arbeit auf Abruf

Die Arbeit auf Abruf stellt eine besondere Form der Teilzeitarbeit dar.

Man versteht hierunter ein Arbeitsverhältnis, bei dem der Arbeitnehmer seine Arbeit entsprechend dem Arbeitsanfall leistet. In einer Vereinbarung werden die Dauer der wöchentlichen und täglichen Arbeitszeit festgelegt. Gibt es keine Festlegung, gelten laut § 12 Teilzeit- und Befristungsgesetz eine 10-Stunden-Woche bzw. mindestens drei aufeinander folgende Stunden pro Tag, die auch dann bezahlt werden müssen, wenn der Arbeitgeber die Arbeit nicht oder nicht ausreichend abgerufen hat.

Achtung: Außerdem muss der Einsatz mindestens vier Tage im Voraus mitgeteilt werden. Ansonsten braucht die Arbeit nicht angetreten werden.

Beispiel: Soll die Arbeit an einem Montag aufgenommen werden, so muss dies spätestens am Mittwoch der Vorwoche durch den Arbeitgeber angekündigt werden. Eine telefonische Ankündigung genügt.

Abweichungen davon, auch zuungunsten des Arbeitnehmers, können in Tarifverträgen festgehalten sein und gelten dann.

Teilzeit calling up im Überblick

Arbeitszeit pro Woche: mindestens 10 Stunden oder je nach Vereinbarung
Lage der Arbeitszeit: auf Abruf, unbestimmt
Freizeitgewinn: einzelne Stunden pro Tag oder ganze Tage
Geeignet für: alle Mitarbeiter, auch Fachkräfte

Teilzeit job-sharing: Mehr Freizeit durch Stellenteilung

Ein Modell, das sich besonders für Fach- und Führungskräfte eignet, ist das Job-Sharing. Diese aus den USA stammende Rechtskonstruktion schafft Teilzeitarbeit durch Arbeitsplatzteilung. Nach § 13 des Teilzeit- und Befristungsgesetzes können Arbeitgeber und Arbeitnehmer vereinbaren, dass sich mehrere Arbeitnehmer die Arbeitszeit eines Arbeitsplatzes teilen. In der Regel handelt es sich um Job-Splitting. In diesem Fall übernehmen mehrere Arbeitnehmer einen Arbeitsplatz, wobei sie die anfallenden Arbeiten in ihrem Zeitabschnitt in eigener Verantwortung erledigen. Die Aufteilung der Arbeitszeit kann nach unterschiedlichen Modellen erfolgen: Die Job-Sharer können sich beispielsweise die Arbeit an einem Tag untereinander aufteilen, indem der eine vormittags, der andere nachmittags arbeitet; sie können an einigen Tagen in einer vollen Schicht und an anderen Tagen gar nicht arbeiten, und sie können sich auch wöchentlich oder monatlich abwechseln. Allerdings muss die Arbeitszeitplanung dem Arbeitgeber rechtzeitig bekannt gegeben werden.

Jeder Job-Sharer schließt einen eigenen Arbeitsvertrag mit dem Arbeitgeber. Dagegen bestehen zwischen den einzelnen Job-Sharern auf demselben Arbeitsplatz keine Rechtsbeziehungen.

Achtung: Die Partner sind auch nicht zu gegenseitiger Vertretung verpflichtet. Das kann nur für den Einzelfall oder für dringende betriebliche Erfordernisse vereinbart werden.

Die Arbeitszeit legen die Job-Sharer untereinander selbständig fest. Wenn sie sich nicht auf einen Arbeitszeitplan einigen können, legt ihn der Arbeitgeber fest. Wie viel verdient wird und wie lange der Urlaub dauert, richtet sich nach dem Verhältnis der geleisteten Arbeit zur Vollzeitarbeit.

Tipp: Der Vorteil für die Arbeitnehmer liegt darin, dass sie untereinander die Arbeitszeit flexibel absprechen können. So kann beispielsweise ein Arbeitnehmer nur 10 Stunden pro Woche arbeiten und der zweite dafür 28,5 oder 30 Stunden (je nach Arbeitszeit-Ausgestaltung des Arbeitsplatzes). Es kann sogar verabredet werden, dass der eine in einem Monat mehr arbeitet und im darauf folgenden Monat der andere.

Tipp: Trotzdem sind die Arbeitsplatzpartner nicht auf Gedeih und Verderb aneinander gebunden.

Kündigt beispielsweise der eine (oder kündigt der Arbeitgeber ihm), so endet das Arbeitsverhältnis nicht automatisch auch für den anderen.

Der Arbeitgeber kann für ihn einen neuen Arbeitsplatz-Partner suchen. Findet er allerdings keinen, kann er eine Änderungskündigung aussprechen: etwa, dass der zweite Arbeitsplatz-Partner jetzt Volltagsarbeit zu leisten hat. Ist das für ihn inakzeptabel, kann er gegen eine solche Änderungskündigung notfalls mit der Kündigungsschutzklage vorgehen.

Dass sich Job-Sharing gerade für Fach- und auch Führungskräfte eignet, liegt daran, dass jeder seine Projekte eigenverantwortlich verfolgen und seine Zeit zugleich sehr flexibel planen und einteilen kann. In öffentlichen Verwaltungen, an Universitäten, aber auch in Unternehmen wird diese Form der Teilung, die zugleich Entlastung des Einzelnen bedeutet, gern praktiziert. Unternehmen bekommen so die Chance, zwei gute Mitarbeiter zu binden und zugleich eine hohe Auslastung des Arbeitsplatzes zu sichern (zum Beispiel bei langen Servicezeiten).

Teilzeit job-sharing im Überblick

Arbeitszeit pro Woche: 5 Tage Teilzeit oder 2 bis 4 Tage Voll- und Teilzeit kombiniert
Lage der Arbeitszeit: flexibel, Absprache nur mit Sharing-Partner
Freizeitgewinn: einzelne Stunden pro Tag oder ganze Tage
Geeignet für: alle Mitarbeiter, besonders Fach- und Führungskräfte

Geringfügige Beschäftigungsverhältnisse

Keine Teilzeit im klassischen Sinne, aber dennoch eine Möglichkeit flexibler Gestaltung von Arbeit und Freizeit sind geringfügige Beschäftigungsverhältnisse, die so genannten 400-Euro-Jobs.

Von einem geringfügigen Beschäftigungsverhältnis wird gesprochen, wenn das Brutto-Einkommen 400 Euro im Monat nicht übersteigt. Diese Art der Beschäftigung hat für Arbeitnehmer eine Reihe von Vorteilen.

Tipp: Der größte Vorteil: Einkommen in diesem Bereich unterliegen nicht der Sozialversicherungspflicht; auch Steuern müssen nicht gezahlt werden.

Dafür ist der Arbeitgeber allein zuständig: Er führt pauschal 23 Prozent des Einkommens an Kranken- und Rentenversicherung und zwei Prozent Steuern ab. Wer dennoch mehr für die Rente vorsorgen will, kann die fehlenden Prozente bis zum vollen Rentenversicherungsbetrag aus eigener Tasche bezahlen.

Achtung: Wer mehrere solcher Jobs annimmt, muss aufpassen: Die Einkünfte werden zusammengezählt; übersteigen sie 400 Euro, dann sind alle Jobs sozialversicherungspflichtig.

Als geringfügig Beschäftigter haben Sie grundsätzlich Anspruch auf:

- Lohnfortzahlung im Krankheitsfall und an Feiertagen,
- anteiligen Jahresurlaub,
- Kündigungsschutz.

Eine Besonderheit gibt es noch für Einkommen zwischen 400 und 800 Euro: Sie befinden sich in der so genannten Gleitzone oder dem Niedriglohn-Sektor. Als Arbeitnehmer zahlen Sie dann nur anteilig Sozialversicherungsbeiträge, die mit steigendem Einkommen wachsen. Ihr Arbeitgeber zahlt indes seinen vollen Anteil zur Sozialversicherung. Der Arbeitslohn im Bereich zwischen 400 und 800 Euro ist steuerpflichtig und muss über Lohnsteuerkarte individuell versteuert werden. Hier gibt es keine Abmilderung. Ist es ein zweites Beschäftigungsverhältnis, wird die Lohnsteuer nach Steuerklasse VI berechnet.

Tipp: Bei einem monatlichen Arbeitslohn von 800 Euro fällt auch bei Besteuerung über Lohnsteuerkarte in den Steuerklassen I, II, III und IV wegen der Freibeträge noch keine Lohnsteuer an.

Teilzeit und Elternzeit

Seit 2001 haben es Eltern leichter, sich die Betreuung und Erziehung ihrer Kinder in den ersten Lebensjahren zu teilen. Laut Bundeserziehungsgeldgesetz haben auch Väter und Mütter, die in einem Arbeitsverhältnis stehen, Anspruch auf Erziehungsgeld, und zwar bei

- befristeten Arbeitsverträgen,
- Teilzeitarbeit und
- 400-Euro-Jobs (Mini-Jobs).

Diese Vergünstigungen gibt es für drei Jahre und können von Vätern und Müttern in Anspruch genommen werden.

Die Grenze für die zulässige Teilzeitarbeit während der Elternzeit wurde von 19 auf jetzt 30 Stunden in der Woche angehoben. Es können auch beide Eltern diese 30 Stunden arbeiten, ohne generell Anspruch auf Erziehungsgeld zu verlieren. Eltern – vor allem Mütter – müssen also ihre Erwerbstätigkeit nicht völlig unterbrechen und können trotzdem in den ersten Lebensjahren für ihr Kind da sein. Wer schon vor der Geburt des Kindes Teilzeit bis 30 Wochenstunden gearbeitet hat, kann diese Tätigkeit ohne weiteren Antrag fortsetzen.

Tipp: Alle anderen sollten ihren Wunsch rechtzeitig mit dem Arbeitgeber besprechen.

Zwar kann die Teilzeit zeitlich gesehen nach der Elternzeit beantragt werden, aber im Interesse einer besseren Planung im Unternehmen sollten Eltern möglichst frühzeitig Klarheit schaffen. Es gilt: Acht Wochen vor dem gewünschten Arbeitsbeginn muss der Antrag schriftlich in der Firma eingehen. Und: Eine Verringerung der Arbeitszeit kann von jedem Elternteil je Elternzeit nur zwei Mal beansprucht werden.

Grundsätzlich haben Sie in Unternehmen mit mehr als 15 Beschäftigten einen Anspruch auf Teilzeitarbeit, die nur abgelehnt werden darf, wenn dringende betriebliche Gründe dagegen sprechen. In Abschnitt „Gibt es ein Recht auf Teilzeit?“ (2. Kapitel) sind wir schon darauf eingegangen. Allerdings sollte immer eine gütliche Einigung favorisiert werden und Klagen vor dem Arbeitsgericht die Ausnahme sein.

Tipp: Arbeitgeber müssen – falls sie das tun wollen – Ihren Antrag auf Teilzeit innerhalb von vier Wochen ablehnen, und zwar schriftlich.

Eltern genießen in der Elternzeit Kündigungsschutz – unabhängig davon, ob sie weiter Teilzeit arbeiten oder ihre Tätigkeit ganz unterbrechen. Allerdings immer nur der Elternteil, der gerade Elternzeit nimmt. Nach Ende der Elternzeit endet der Kündigungsschutz.

Achtung: Wer in der Elternzeit arbeitet, muss darauf achten, dass das Einkommen nicht das Erziehungsgeld gefährdet. Denn es gibt Höchstgrenzen, bis zu denen Erziehungsgeld gezahlt wird. Dabei wird zwischen dem ersten halben Lebensjahr des Kindes und der Zeit zwischen dem 7. und 24. Lebensmonat unterschieden. Grundsätzlich gilt:

Tipp: In den ersten sechs Monaten darf das Jahres-Einkommen der Eltern (siehe Kasten) den Betrag von 51.130 Euro nicht überschreiten, wobei weitere Kinder die Grenze erhöhen. Oberhalb dieser Grenze gibt es kein Erziehungsgeld.

Das gilt auch für Eltern in eheähnlicher Gemeinschaft oder für einen Elternteil, der mit einem Lebenspartner zusammenlebt. In diesen Fällen werden die Einkünfte beider Partner herangezogen. Für echte Alleinerziehende liegt die Grenze bei 38.350 Euro.

Wie errechnet sich das Jahres-Einkommen?

Das Jahres-Einkommen wird zwar anders als im Steuerrecht errechnet, entspricht in der Höhe aber etwa dem Jahres-Nettoeinkommen aus der Steuererklärung. Im ersten Lebensjahr des Kindes wird das Einkommen des laufenden (Kalender-)Jahres der Geburt zugrunde gelegt, wobei Einkünfte vor Antritt der Elternzeit nur eingerechnet werden, falls in der Elternzeit Teilzeit gearbeitet wird. Vom 13. bis 24. Monat wird das voraussichtliche Einkommen des Folgejahres zur Grundlage erhoben. Falls das nicht vorhergesagt werden kann, zieht man das letzte oder vorletzte Kalenderjahr zu Rate. Teilzeitarbeit wird als Einkommen berücksichtigt, allerdings nur, wenn es 400 Euro übersteigt: Die so genannten Mini-Jobs, die steuerfrei sind bzw. pauschal versteuert werden, zählen also nicht zum Einkommen. Ebenso wenig Arbeitslosengeld, Arbeitslosenhilfe (Arbeitslosengeld II), Krankengeld und Verletztengeld.

Vom 7. bis Ende des 24. Lebensmonats des Kindes gibt es andere Verdienstgrenzen als im ersten halben Jahr: Paare dürfen bis 16.470 Euro pro Jahr verdienen, Alleinstehende 13.498 Euro, wobei es wieder Zuschläge für weitere Kinder gibt. Oberhalb dieser Grenze wird das Erziehungsgeld aber nicht gestrichen, sondern stufenweise gekürzt. Geld gibt es bis zu folgenden Grenzen, wobei Beträge unter 10 Euro nicht ausgezahlt werden. Die genaue Abstufung ist § 5 Absatz 3 des Bundeserziehungsgeldgesetzes (BErzGG) zu entnehmen.

Einkommensgrenzen für Erziehungsgeld (EG) ab 7. Lebensmonat des Kindes*

	Anzahl der Kinder	Volles EG bis	Gemindertes EG bei Regelbetrag** bis	Gemindertes EG bei Budget** bis
Ehepaar	1	16.470 €	23.553 €	23.736 €
Alleinerz.		13.498 €	20.581 €	20.764 €
Ehepaar	2	19.610 €	26.693 €	26.876 €
Alleinerz.		16.638 €	23.721 €	23.904 €
Ehepaar	3	22.750 €	29.833 €	30.016 €
Alleinerz.		19.778 €	26.861 €	27.044 €
Ehepaar	4	25.890 €	32.973 €	33.156 €
Alleinerz.		22.918 €	30.001 €	30.184 €

* maßgebliches Jahreseinkommen laut § 6 BErzGG, in etwa vergleichbar mit Jahresnettoeinkommen

** Eltern können sich grundsätzlich bei ihrem Antrag auf Erziehungsgeld zwischen einem monatlichen Erziehungsgeld von bis zu 307 Euro *in den ersten beiden Lebensjahren* (Regelbetrag) oder von 460 Euro *im ersten Lebensjahr* (Budget) entscheiden.

Achtung: Der Erziehungsgeldstelle muss sofort mitgeteilt werden, wenn Sie in der Elternzeit eine Teilzeitbeschäftigung aufnehmen. Dann wird Ihr Anspruch auf Erziehungsgeld neu berechnet.

Übrigens: Nicht nur für die Eltern ist es gut, während der Elternzeit beruflich am Ball zu bleiben und ihrem Unternehmen die Treue zu halten. Laut einer Studie des Bundesfamilienministeriums (www.bmfsfj.de) unter dem Namen „Betriebswirtschaftliche Effekte familienfreundlicher Maßnahmen“ rechnet es sich auch für Unternehmen, Mitarbeiter während der Elternzeit ins Unternehmen einzubinden und anschließend zu fördern, etwa durch die Bereitstellung von Kindertagesstätten: Zufriedene Mitarbeiter leisten einfach mehr. Außerdem sind die Kosten für die Einarbeitung neuer Mitarbeiter hoch, die anfallen, wenn gut eingearbeitete Mitarbeiterinnen nach der Geburt das Unternehmen verlassen. Derzeit sind es noch 40 Prozent aller Mütter (von Vätern ist hier keine Rede), die nach der Geburt drei Jahr und länger zu Hause bleiben.

Altersteilzeit

Altersteilzeit macht es seit 1996 Arbeitnehmern über 55 Jahren möglich, ihre wöchentlichen Arbeit bis zum Ruhestand zu reduzieren und so aus der Vollbeschäftigung in den Ruhestand zu gleiten. Aus den Unternehmen und deren Personalplanung ist die Altersteilzeit nicht mehr wegzudenken. Denn: Dadurch werden – mit Hilfe staatlicher Zuschüsse – Arbeitsplätze für junge Leute und Arbeitslose frei. Ende 2001 nutzten bereits über 20 Prozent der 55- bis 64-Jährigen diese Möglichkeit.

Der Arbeitnehmer, der in Altersteilzeit arbeiten will, reduziert – natürlich in Absprache mit seinem Arbeitgeber – seine wöchentliche Arbeitszeit um die Hälfte. Der Haken: Auch das Brutto-Einkommen halbiert sich. Um die Sache sozialverträglich und akzeptabel zu machen, stockt der Arbeitgeber diesen Betrag um mindestens 20 Prozent auf (so genannter Aufstockungsbetrag) und zahlt für den Arbeitnehmer zusätzliche Rentenversicherungsbeiträge. Bemessungsgrundlage ist für alle Verträge, die ab 1. Juli geschlossen werden (Hartz-III-Gesetz), das Regelarbeitsentgelt: das halbe Geld für seine vorige Vollarbeitsstelle.

Tipp: Dazu zählen auch alle zusätzlichen geldwerten Leistungen, die der Arbeitgeber gewährt, wie vermögenswirksame Leistungen und Zuschläge.

Einmalige Einnahmen wie Vergütungen für Mehrarbeit gehören indes nicht dazu. Stellt der Arbeitgeber nun zusätzliche Arbeitskräfte als Ausgleich für die Altersteilzeit-Beschäftigten ein und zahlt er die erwähnte 20-prozentige Aufstockung, dann bekommt er diesen Betrag von der Bundesagentur für Arbeit erstattet.

Tipp: Außerdem muss Ihr Arbeitgeber den Nachteil ausgleichen, der Ihnen für Ihre spätere Rente dadurch entsteht, dass Sie nun weniger verdienen.

Er zahlt zusätzliche Rentenbeiträge für Sie ein, und zwar in einer Höhe, die auf der Grundlage von 80 Prozent Ihres genannten Regelarbeitsentgeltes berechnet wird.

Achtung: Einbußen finanzieller Art können auch dann entstehen, wenn Sie sich nach mindestens zwei Jahren Altersteilzeit ganz vom Arbeitsleben verabschieden wollen. Das geht zwar, aber dann müssen Sie für die Zeit, die bis zur eigentlichen Altersrente verbleibt, mit monatlich 0,3 Prozentpunkten Rentenkürzung rechnen. Gehen Sie ein Jahr früher in Rente (als Mann mit 64 Jahren), sind das schon 3,6 Prozent – und zwar lebenslang. Bei fünf Jahren müssen Sie auf diese Weise für den Rest Ihres Rentnerlebens auf 18 Prozent Ihres sauer verdienten Ruhegeldes verzichten. Da kann richtig wehtun und sollte vorher unbedingt einkalkuliert werden.

In der Praxis haben sich zwei Formen der Altersteilzeitarbeit durchgesetzt: zum einen die Verringerung der wöchentlichen Arbeitszeit – also klassische Halbtagsarbeit oder tageweise Arbeit an feststehenden Tagen. Und die so genannte Blockteilzeit. Hier arbeiten Sie in der ersten Hälfte der vereinbarten Vertragszeit normal weiter, allerdings bei halbem Geld. Dafür können Sie in der zweiten Hälfte die angesparte Arbeitszeit abfeiern – eine Art Vorruhestand. Wenn es entsprechende Betriebsvereinbarungen gibt, kann sich dieser Zeitraum auf zwei Mal fünf Jahre ausdehnen. Arbeitszeit und -entgelt sammeln sich, um bei dem Beispiel zu bleiben, in den ersten fünf Jahren auf einem so genannten Wertguthaben an.

Achtung: Nach dem Hartz-III-Gesetz, das am 1. Juli 2004 in Kraft trat, müssen Unternehmen diese wertvollen Guthaben in Zukunft gegen Insolvenz schützen, zumindest für Verträge, die ab diesem Datum neu abgeschlossen werden. Das bedeutet: Geht Ihr Unternehmen Pleite, bekommen Sie in den zweiten fünf Jahren trotzdem Ihr vereinbartes Gehalt ausgezahlt. Dafür haftet das Unternehmen und muss sich daher vorsorglich absichern. Sie haben das Recht, alle sechs Monate Rechenschaft von Ihrem Arbeitgeber über seine Sicherheitsvorkehrungen zu verlangen.

Neben diesen beiden Formen der Altersteilzeit ist auch ein Modell denkbar, das beide vereint: Sie arbeiten eine bestimmte Zeit lang voll und genehmigen sich anschließend eine ebenso lange Freizeit.

Tipp: Auch ohne in Altersteilzeit zu gehen, können sich Arbeitnehmer auf einen vorgezogenen Ruhestand vorbereiten: durch das Führen von Langzeitkonten.

Wir kommen im nächsten Abschnitt auf Arbeitszeitkonten zu sprechen. Vorab so viel: Wer seine vertraglich vereinbarte Arbeitszeit reduziert, dabei aber bei ebenfalls reduziertem Gehalt voll weiterarbeitet, kann auf einem Langzeitkonto kontinuierlich Zeitguthaben in einem vorher festgelegten Umfang ansparen. Auf diese Weise kann man ein Sabbatjahr einlegen (mehr dazu in Kapitel 11) oder eben früher in den Ruhestand eintreten – beides bezahlt.

Beispiel für vorgezogenen Ruhestand: Ein Mitarbeiter arbeitete bisher 38 Stunden pro Woche in Vollzeit. Er vereinbart mit seinem Arbeitgeber eine auf zehn Jahre ausgelegte Reduzierung seiner vertraglichen Arbeitszeit auf 30 Wochenstunden, arbeitet aber tatsächlich in Vollzeit weiter. Sein Einkommen verringert sich brutto entsprechend, durch die Steuerprogression kommt es aber fast immer zu geringeren Einbußen. In jeder Arbeitswoche baut der Mitarbeiter ein Zeitguthaben von acht Stunden auf, nach einem Jahr kommen so fast 14 freie Wochen à 30 Arbeitsstunden zusammen. Nach zehn Jahren stehen 140 Wochen – oder anders gesagt: reichlich zweieinhalb Jahre – zu Buche. Das bedeutet: Er kann sich, wenn er sein Guthaben nicht antastet, gut zweieinhalb Jahre früher zur Ruhe setzen.

Natürlich ist auch eine Kombination aus Altersteilzeit und Abfeiern von Langzeitkonten möglich.

5. Bummeln: Wie Sie mit Zeitkonten Zeit gewinnen

Arbeitszeitkonten ersetzen in der betrieblichen Praxis mehr und mehr das starre Muster der gleichmäßig über die Woche verteilten Arbeitszeit. Laut einer Studie des Meinungsforschungsinstituts TNS Emnid vom April 2003 haben bereits zwei Drittel der Unternehmen (64 Prozent) Arbeitszeit-Konten eingeführt. Die Hälfte (51 Prozent) nutze Arbeitszeit-Konten zur Erfassung der Arbeitszeit für maximal ein Jahr. 17 Prozent bieten ihren Mitarbeitern die Möglichkeit, Arbeitszeit über einen längeren Zeitraum anzusparen. 11 Prozent bieten zusätzlich Arbeitszeit-Konten in einem anderen, nicht näher genannten Modus an. Nur 10 Prozent der Unternehmen, die bereits Arbeitszeit-Konten eingeführt haben, würden diese Möglichkeit auch im Rahmen der Altersvorsorge bieten.

Sowohl für Arbeitnehmer als auch für Arbeitgeber ergeben sich vielfältige Vorteile, die Arbeitszeit flexibel zu gestalten und betrieblichen sowie persönlichen Bedürfnissen anzupassen. Für Sie als Arbeitnehmer, der sich zusätzliche Frei-Zeiten wünscht, ein ideales Instrument. Das Prinzip ist einfach: Auf einem persönlichen Zeitkonto des Mitarbeiters werden die täglichen Abweichungen zwischen vertraglicher und tatsächlicher Arbeitszeit saldiert. Somit können in einem festgelegten Umfang Zeitguthaben und Zeitschulden gebildet werden, die jedoch in einem vertraglich vereinbarten Zeitraum wieder ausgeglichen werden müssen.

Achtung: Die Einrichtung von Zeitkonten ist grundsätzlich nur eine Kann-Regelung. Die Einführung liegt allein im Ermessen der Unternehmensleitung – es sei denn, der Betriebsrat macht Druck. Wer für sich allein beim Chef vorspricht, hat so gut wie keine Chance.

Tipp: Kündigung und Jobwechsel sind mit einem Konto kein Problem: Bevor man aus dem Betrieb ausscheidet, muss der Wert in Freizeit oder Geld ausbezahlt werden.

Natürlich bergen Arbeitszeitkonten auch Risiken für Sie als Arbeitnehmer, die hier nicht verschwiegen werden sollen. So hat eine aktuelle Studie des Wissenschaftszentrums Berlin für Sozialforschung (WZB) ergeben, dass die eigene Verfügbarkeit über das Konto sehr eingeschränkt sein kann: In guten wirtschaftlichen Zeiten machen Mitarbeiter Überstunden, die ihrem Konto gutgeschrieben werden. In Zeiten wirtschaftlicher Flaute können Firmen ihre Mitarbeiter dann in den Block-Urlaub schicken. Zudem kommt es vor, dass Überstunden verfallen, weil sie nicht in bestimmten Fristen abgefeiert werden können. Probleme gebe es in Unternehmen, die ihre Zeitkonten-Modelle nicht oder kaum mit der Belegschaft absprechen. Dann entstünde der Eindruck, dass die Regelungen nur den Interessen des Unternehmens entsprächen, meinen die Forscher. So ist es nicht verwunderlich, dass die kurzfristigen Konten – um sich mal einen zusätzlichen freien Tag zu gönnen – mehr akzeptiert werden als Langzeitkonten, mit deren Hilfe man sich zum Beispiel ein Sabbatical ansparen kann. Nur wenn betriebliche und zeitliche Belange beider Seiten berücksichtigt würden, können Arbeitszeitkonten zu dem gewünschten Erfolg führen: zu wirtschaftlichen Vorteilen für das Unternehmen auf der einen und zufriedenen Mitarbeitern auf der anderen Seite, so lautet daher das Fazit der Berliner Forscher.

Unter dem Begriff Arbeitszeitkonto werden eine ganze Reihe verschiedener Arbeitszeitmodelle zusammengefasst. Im Wesentlichen lassen sich dabei zwei Grundtypen erkennen, die sich nach dem zeitlichen Rahmen unterscheiden, innerhalb dessen die Konten ausgeglichen werden sollten: Kurz- und Langzeitkonten.

Kurzzeitkonten: Für den freien Tag zwischendurch

Diese Konten haben – wie der Name schon sagt – eine begrenzte Laufzeit. Ansprüche auf Freizeit (oder in manchen Fällen auf Vergütung von Mehrarbeit) werden innerhalb eines Zeitraums von bis zu einem Jahr angesammelt und wieder abgebaut. Zu den gängigsten Modellen zählen:

Gleitzeit – die Urform des Arbeitszeitkontos

Diese Form ist in der Praxis am weitesten verbreitet. In den meisten Fällen nehmen alle tariflich bezahlten Mitarbeiter eines Unternehmens daran teil. Die einfache Gleitzeit sieht vor, dass Mitarbeiter innerhalb von bestimmten Grenzen den Beginn und das Ende ihrer täglichen Arbeitszeit frei wählen können. Die Dauer liegt dagegen fest.

Beispiel: Statt von 8 bis 16.30 Uhr können Sie hier auch von 10 bis 18.30 Uhr arbeiten.

Bei der qualifizierten Gleitzeit können Sie als Arbeitnehmer dagegen sowohl über die Lage als auch über die Dauer Ihres Arbeitstages entscheiden. Natürlich gibt es auch hier Rahmen. Zum einen gibt es eine Anwesenheitspflicht innerhalb einer so genannten Kernarbeitszeit, die zum Beispiel von 9 bis 15 Uhr liegt, weil hier besonders viele Kundenanfragen zu erwarten sind. Außerdem gibt es eine Rahmenarbeitszeit – zum Beispiel von 7 bis 19 Uhr –, innerhalb deren der Rest der Arbeitszeit verteilt werden kann.

Beispiel: Sie arbeiten an einem Tag von 8 bis 18 Uhr und bekommen dafür – um beim oben genannten 8-Stunden-Tag zu bleiben – 1,5 Stunden gutgeschrieben. Sie können an einem anderen Tag nur die Kernarbeitszeit von 9 bis 15 Uhr belegen und haben dann einen Abzug von 1,5 Stunden. Überstunden, die sich so eventuell nach und nach ansammeln, müssen innerhalb eines bestimmten Zeitraums (oft monatlich) als Freizeit (seltener durch Vergütung) abgebummelt werden.

Jahresarbeitszeitkonto – verlängerte Zeitschiene

Einen Schritt weiter geht die Jahresarbeitszeit, da hier der starre Monatsbezug vieler Gleitzeitkonten durchbrochen und durch einen Jahresbezug ersetzt wird. Das heißt: Sie haben ein Jahr Zeit, um Überstunden anzusparen und wieder abzufeiern. Die Zeitachse, die Ihnen zur Verteilung Ihrer Arbeitszeit zur Verfügung steht, ist also wesentlich größer. Im Jahresdurchschnitt muss Ihr Arbeitszeitsaldo allerdings mit der vertraglich vereinbarten Arbeitszeit übereinstimmen und Ihr Konto im Idealfall ein Mal in zwölf Monaten die Nulllinie durchlaufen.

Ampelkonto – Warnsystem für Ihr Konto

Ampelkonten sind eine Sicherheitsvorrichtung für einfache Arbeitskontenmodelle. Sie haben sich in vielen Unternehmen durchgesetzt und sollen verhindern, dass Konten überlaufen oder – in seltenen Fällen – ein zu großes Defizit aufweisen. Mitarbeiter und Vorgesetzte beobachten permanent den Stundensaldo und kontrollieren, ob es sich im „grünen Bereich" befindet. Dieser grüne Bereich umfasst ein festgelegtes Plus bzw. Minus an Arbeitsstunden – zum Beispiel plus/minus 30 Stunden –, das sich in einem Rahmen befindet, der noch relativ einfach ausgeglichen werden kann. In der Gelbphase (etwa plus/minus 50 Stunden) müssen Vorgesetzte und Mitarbeiter zusammenarbeiten, um das Konto wieder in die Grünphase zurückzuführen. In der Rotphase (beispielsweise plus/minus 60 Stunden) sorgen Vorgesetzte dafür, dass der Mitarbeiter möglichst schnell wieder in den gelben und grünen Bereich zurückkehrt. Mit dieser Regelung soll vor allem verhindert werden, dass Mitarbeiter Guthaben anhäufen, die sie durch Freizeit nicht mehr ausgleichen können. Wie hoch die jeweilige Stundenzahl ausfällt, wird von Unternehmen zu Unternehmen unterschiedlich bestimmt.

Arbeitszeitkorridor – Arbeit nach Arbeitsanfall

Diese Form des Kurzzeitkonten-Modells gibt dem Arbeitgeber die Möglichkeit, die Lage und Dauer der täglichen Arbeitszeit – im festgelegten Rahmen und nach Vorankündigung – entsprechend betrieblichen Belangen festzulegen. In Abhängigkeit vom Arbeitsanfall kann er einseitig entscheiden, wie lange seine Mitarbeiter zu arbeiten haben. Das ist natürlich sehr restriktiv und in erster Linie auf die Interessen des Unternehmens zugeschnitten; die Bedürfnisse der Arbeitnehmer spielen hier nur eine sehr untergeordnete Rolle.

Beispiel: Liegt die wöchentliche Arbeitszeit bei vertraglich festgelegten 35 Stunden, kann der Chef sie bei Auftragsflaute auf 30 absenken, bei Arbeitsspitzen auf 40 erhöhen. Meist werden Regelungen zum Arbeitszeitkorridor mit einem Kurzzeitkonto verbunden, das einen festen Ausgleichszeitraum vorgibt, damit die Arbeitnehmer im Durchschnitt auf ihre Vertragsarbeitszeit kommen.

Langzeitkonten: Für die große Pause

Mit Langzeitkonten können Arbeitnehmer langfristig und geplant Arbeitszeitguthaben ansparen. Während die Kurzform dem Ausgleich schwankenden Arbeitsanfalls dient und auch kurzzeitig wieder ausgeglichen werden muss, sind Langzeitkonten darauf ausgelegt, über einen sehr langen Zeitraum oder sogar lebenslang (so genanntes Lebensarbeitszeitkonto) Zeit anzusparen. Arbeitnehmer verbinden meist ein konkretes Ziel damit.

Langzeitkonten funktionieren im Prinzip so, dass Arbeitnehmer länger als vertraglich vereinbart arbeiten und die zu viel geleistete Arbeit sich nach einem bestimmten Plan und innerhalb einer bestimmten Laufzeit ansammelt.

Tipp: Wenn Sie mit Hilfe eines Langzeitkontos einen größeren Freizeitblock ansparen wollen, arbeiten Sie für eine vertraglich festgelegte Zeit in Teilzeit, bekommen also ein reduziertes Gehalt.

In Wirklichkeit arbeiten Sie aber im ersten Teil der Vertragslaufzeit Vollzeit weiter und sparen entsprechend Stunden, Tage, Wochen und Monate an. Im zweiten Teil nehmen Sie dann den Freizeitblock in Anspruch und erhalten weiterhin das Teilzeitgehalt.

Tipp: Je geringer die vereinbarte Teilzeit-Stundenzahl ist, desto schneller sammelt sich Freizeit an.

Allerdings reduziert sich dann auch das Gehalt entsprechend in größerem Umfang. Da Sie mit diesem geringeren Gehalt nicht nur in der Teilzeit, sondern auch in der Freizeit auskommen müssen, müssen Sie vorher ganz genau abwägen, wie stark Sie sich finanziell einschränken können.

Ideal sind Formen von Langzeitkonten, die sich den finanziellen Erfordernissen des Arbeitnehmers anpassen.

Beispiel: Die anzusparende Stundenzahl wird jährlich neu vereinbart. Ist der aktuelle Finanzbedarf höher, werden weniger Stunden gespart und die Vertragsarbeitszeit entsprechend erhöht. Dann kommt auch mehr Gehalt heraus.

Auch unter dem Aspekt der Steueroptimierung ist diese Modell interessant: Schließlich brauchen Sie Steuern und Sozialabgaben für die angesparten Stunden erst dann bezahlen, wenn in der Freizeit das entsprechende Gehalt ausgezahlt wird.

Tipp: Das „Gesetz zur sozialrechtlichen Absicherung flexibler Arbeitszeitregelungen" (Flexi-Gesetz) aus dem Jahr 1998 legt die rechtlichen Grundlagen dafür vor.

Es lässt sogar zu, dass Sie einen Teil Ihres Gehaltes in Zeitguthaben umwandeln. Zugleich nimmt es den Arbeitgeber in die Pflicht, das wertvolle Guthaben seiner Arbeitnehmer für den Fall einer Firmen-Insolvenz abzusichern, damit Ansprüche nicht verfallen.

Achtung: Laut der TNS Emnid-Studie sichert aber nur knapp die Hälfte der Unternehmen, die solche Konten eingeführt haben, Zeitguthaben der Mitarbeiter gegen Insolvenz des Unternehmens ab.

Für Betroffene steht viel Geld und Freizeit auf dem Spiel: Wer ein Jahr lang zehn Prozent weniger Gehalt kassiert, hat zum Beispiel Anrecht auf rund einen Monat früheren (bezahlten) Berufsausstieg.

Tipp: Wer so auf Vorrat arbeitet, sollte darauf drängen, dass die Firma seine Ansprüche für den Insolvenzfall absichert.

Regelungen, wie dies zu erfolgen hat, hat der Gesetzgeber aber nicht festgelegt. Dennoch gibt es inzwischen sichere und praktikable Lösungen.

So kann *Ihr Arbeitgeber* Ihr Guthaben gegen Insolvenz sichern

- über einen Fonds: Der Arbeitgeber richtet bei einer Kapitalanlage-Gesellschaft ein Depotkonto ein und entscheidet über den Fondstyp. Er wird eine risikoarme Anlageform wie Rentenfonds oder Geldmarktfonds wählen. Inhaber der erworbenen Anteile bleibt der Arbeitgeber. Die während der Laufzeit erwirtschafteten Überschüsse stehen dem Arbeitgeber zu. Daraus begleicht er seine Aufwendungen wie Verwaltung und Depotführungskosten. Wird der Arbeitgeber während der Vertragslaufzeit insolvent, übernimmt die Kapitalanlage-Gesellschaft die Zahlungsabwicklung an die Beschäftigten und führt Steuern sowie Sozialabgaben an die zuständigen Stellen ab.

- über eine Bankbürgschaft: Ein Kreditinstitut übernimmt nach einer Bonitätsprüfung des Unternehmens die vertragliche Verpflichtung, gegenüber den Beschäftigten für die Verbindlichkeiten aus ihren Arbeitszeitkonten einzustehen. Die Gebühren für die Bürgschaft trägt der Arbeitnehmer. Die Höhe richtet sich nach dem Umfang der Konten und nach der Risikobeurteilung des Unternehmens. Die Bankbürgschaft deckt genau die Summe ab, die gesichert werden muss, so dass das Unternehmen seine Liquidität behält.
- über eine Kautionsversicherung: In diesem Fall gibt eine Versicherungs-Gesellschaft dem Unternehmen eine Bürgschaft. In der Regel müssen nur etwa 25 Prozent der Guthabensumme hinterlegt werden. Bei größeren Summen prüft der Versicherer die Bonität des Unternehmens. Im Insolvenzfall übernimmt ein Treuhänder – und nicht die Versicherungs-Gesellschaft – die Abwicklung.
- über ein Zeitwertpapier: Für Furore sorgt ein Modell, das seit 1999 beim Autoriesen VW erfolgreich praktiziert wird: Dort können Überstunden, Wochenendzuschläge, aber auch reguläre Arbeitsstunden in ein „Zeit-Wertpapier“ eingetauscht werden. Das sind Anteilscheine an einem Publikumsfonds der HypoVereinsbank. Die Einlagen werden vom Gehalt abgezogen, bevor Steuern und Sozialabgaben berechnet werden. Auch wenn diese Abgaben später bei der Auszahlung fällig werden, konnte das Geld bis dahin aber gewinnbringend arbeiten. Das verspricht höhere Rendite als jede private Vorsorge aus bereits versteuertem Einkommen.

Achtung: Die steuerlichen und sozialversicherungsrechtlichen Fragen rund um Langzeit- bzw. Wertkonten sind sehr kompliziert. Eine vorherige Beratung durch Ihren Sozialversicherungsträger (Krankenkasse, Rentenversicherung), durch das Finanzamt oder Ihren Steuerberater ist daher dringend zu empfehlen.

In den meisten Fällen verbinden Mitarbeiter zwei Ziele mit dem Führen eines Langzeitkontos: Sie wollen für eine bestimmte Zeit die Berufstätigkeit unterbrechen (für ein so genanntes Sabbatical) oder sie wollen früher als gesetzlich vorgesehen in den Ruhestand wechseln bzw. fürs Alter vorsorgen.

Sparziel Sabbatical

Diese Form des Ausstiegs auf Zeit ist eindeutig im Kommen, obgleich sich noch lange nicht alle Interessenten trauen, ihren Wunsch in die Wirklichkeit umzusetzen. Da wir in einem späteren Kapitel noch ausführlich auf Sabbaticals zu sprechen kommen, hier nur so viel: Im Unterschied zum Sparziel vorgezogener Ruhestand ist beim Sabbatical im Prinzip davon auszugehen, dass der Arbeitnehmer nach Ende der Freizeit wieder in seinen alten Betrieb, idealerweise an seinen angestammten Arbeitsplatz zurückkehrt. Wie lange das Sabbatical dauern soll – üblich sind drei bis zwölf Monate –, wird vertraglich zwischen Arbeitgeber und Arbeitnehmer vereinbart. Der gesamte Vertrag besteht aus einer Anspar- und einer Freizeitphase, wie eben beschrieben. Für beide Seiten bietet der Vertrag ein hohes Maß an Transparenz und Planbarkeit.

Tipp: Was Arbeitnehmer mit ihrer Freizeit anfangen, bleibt ihnen vollkommen überlassen.

Hier hat der Arbeitgeber – im Unterschied etwa zum Bildungsurlaub, auf den wir in Kapitel 8 noch zu sprechen kommen – kein Mitspracherecht. Ganz gleich, ob sich der Aussteiger den Traum von der Weltreise erfüllt, sich intensiv um die Familie kümmert oder neue Zukunftsperspektiven durch Weiterbildung oder Nachholen eines Bildungsabschlusses entwickelt – jedes Vorhaben ist legitim.

Achtung: Trotzdem sollten Sie in der Begründung eines Sabbatical-Wunsches immer auch die Interessen des Unternehmens berücksichtigen (siehe Kapitel 11 und 12).

Obwohl vom Sabbatical auf den ersten Blick vor allem der Arbeitnehmer profitiert, hat auch der Arbeitgeber unbestreitbare Vorteile: Wenn er auf diese Weise einen wertvollen Mitarbeiter behalten und an sich binden kann bzw. einen ausgeruhten und motivierten Mitarbeiter zurückbekommt, dann zieht er daraus einen handfesten Nutzen. Nicht nur, dass er sich die Kosten für Auswahl und Einarbeitung eines neuen Mitarbeiters spart. Ein zufriedener Mitarbeiter ist auch weniger krank und kann einen positiven Einfluss auf das gesamte Arbeitsklima nehmen.

Sparziel früherer Ruhestand und Altersvorsorge („Lebensarbeitszeitkonto")

Darauf sind wir am Ende des Kapitels 3 schon eingegangen. Hier zur Ergänzung noch Folgendes: Möglich ist es auch, Mehrarbeit gezielt für die eigene Altersvorsorge zu nutzen. In diesem Fall werden Zeitkonten mit der betrieblichen Altersversorgung kombiniert. Anstatt einen Teil des Gehalts in die betriebliche Altersrente einzuzahlen („Entgeltumwandlung"), wird dort Arbeitszeit „eingezahlt". Das geht so: Wie beim Langzeitkonto beschrieben, arbeiten Sie täglich länger als vertraglich vereinbart. Vertraglich ist zum Beispiel eine 35-Stunden-Woche vereinbart, während Sie tatsächlich 40 Stunden arbeiten. Allerdings wird die Mehrarbeit nicht dem Arbeitszeitkonto gutgeschrieben und später als Freizeitblock genutzt, sondern in einen Anspruch auf betriebliche Altersversorgung umgewandelt. Mit dieser Möglichkeit können Sie Ihre ohnehin bestehende Betriebsrente aufbessern, einen vorzeitigen Ruhestand finanzieren oder auch Nachteile ausgleichen, die sich bei vorgezogenem Ruhestand durch Rentenabschläge ergeben.

Tipp: Seit Februar 2000 können Arbeitszeitkonten steuerneutral in eine betriebliche Altersversorgung übergeleitet werden, falls dazu eine Betriebsvereinbarung vorliegt.

Auch hier liegt der Reiz vor allem für gut verdienende Arbeitnehmer darin, dass Zeit und/oder Gehalt vor Steuern in die Zukunft verlagert werden. Es erfolgt also eine so genannte nachgelagerte Besteuerung erst in dem Moment, wenn die Leistung tatsächlich fließt. Der Mitarbeiter kann demnach heute auf Leistungen verzichten (Gehaltsverzicht), um sie später einzufordern (Betriebsrente aus Entgeltumwandlung).

Beispiel: Wer heute 1.200 Euro Gehalt pro Jahr auf sein Zeitkonto bucht, hat häufig nur 600 Euro Nettoeinbuße, aber die Chance auf gute Rendite und verminderte Abgaben bei der Auszahlung.

Achtung: Vorteilhaft ist es, das Geld nicht sofort in die betriebliche Altersversorgung zu investieren, sondern zunächst auf dem Zeitkonto zu belassen. So kann es bei Bedarf auch weit vor dem 60. Geburtstag – dem frühesten Verfügungstermin bei Betriebsrenten – verwendet werden.

Tipp: Es sollte immer mit einem Steuer- oder Rentenexperten durchgerechnet werden, inwiefern und in welcher Form sich diese speziellen Varianten für Sie auszahlen.

Zeitkonto oder Vertrauensarbeitszeit?

Immer mehr Unternehmen ersetzen feste Arbeitszeiten durch die so genannte Vertrauensarbeitszeit. Das heißt: Stechuhren und Zeiterfassung werden generell abgeschafft. Die Arbeitszeit spielt für die Bewertung der Leistung keine Rolle mehr. Große Firmen wie IBM, Siemens und Banken sind prominente Beispiele. Häufig und schon fast traditionell ist diese Form in Agenturen, Unternehmensberatungen oder auch in Unternehmen der Medienbranche zu finden.

Aus Sicht der Unternehmen ist diese Form der hochflexiblen, individuellen Arbeitszeitregelung durchaus sinnvoll. In instabilen Zeiten wie unseren wechseln Zeiten guter Auftragslage schnell mit Flauten. Nicht planbare Schwankungen passen mit starren Arbeitszeitregelungen nicht zusammen. Auch eine kontinuierliche Anpassung an Kundenwünsche ist mit klassischen Nine-to-five-Jobs nicht zu realisieren. Gefragt sind daher Arbeitnehmer, die selbstständig und unternehmerisch denken und arbeiten sowie motiviert genug sind, um ihre Arbeitszeiten den betrieblichen Gegebenheiten anzupassen. Eine Arbeitsgestaltung, die weniger auf Anwesenheit als auf Leistung abstellt, kommt diesem Bedürfnis von Unternehmen entgegen.

Wie funktioniert Vertrauensarbeitszeit? Ungeachtet verschiedener Modelle, die sich bereits etabliert haben, ist dieses Arbeitszeitmodell durch folgende Elemente charakterisiert:

- Abschaffung der formalen Zeiterfassung: Kommen und Gehen von Mitarbeitern wird nicht mehr erfasst und Vorgesetzte werten Anwesenheitsdaten nicht mehr aus. Indem die Arbeitszeitorganisation vollkommen auf den Beschäftigten und dessen unmittelbaren Vorgesetzten übertragen wird, erspart sich das Unternehmen einen erheblichen Aufwand, der mit der Führung von Arbeitszeitkonten entsteht.

- Teamarbeit: Dem Team von Mitarbeitern, die gemeinsam an einer Aufgabe arbeiten, wird eine weit größere Verantwortung übertragen. Zugleich erweitern sich Handlungs- und Entscheidungsspielräume wesentlich, die durch eigenverantwortliche, auf Leistung orientierte Arbeit ausgefüllt werden müssen. Entscheidend für die Bewertung der Arbeit ist nicht mehr die Dauer der Arbeit, sondern nur noch die erbrachte Leistung.
- neue Management-Strategien: Da das alte Regularium Arbeitszeit wegfällt, steht das Management vor der Aufgabe, diesen Freiraum durch neue Steuerungsmodelle zu füllen. Vorgesetzte sind angehalten, über Zielvereinbarungen und Ergebniskontrollen die Leistung ihrer Mitarbeiter festzulegen und zu bewerten. Ebenso müssen sie als Ansprechpartner bei Über- oder Unterlastung einzelner Mitarbeiter zur Verfügung stehen. 2. Aufl.
- Entwicklungsprozess: Vertrauensarbeit kann nicht von heute auf morgen eingeführt werden, sondern muss Ergebnis eines Entwicklungsprozesses sein. Dabei spielt das Betriebsklima ebenso eine Rolle wie die Beteiligung der Belegschaft an der Ausarbeitung und Einführung des Modells.

Betriebsräte und Belegschaften sind nach den Erfahrungen der IG Metall oder des Instituts für Arbeit und Technik in Gelsenkirchen auf den ersten Blick angetan von der Abschaffung der Arbeitszeitkontrolle – versprechen die Unternehmen doch mehr Freiheit und Flexibilität. Offiziell sollen Zeiten der Mehrarbeit durch Zeiten der relativen Ruhe ausgeglichen werden.

Achtung: In der Realität birgt das Modell aber auch erhebliche Nachteile. Ehrgeizige Zielvorgaben können dazu führen, dass Teams und einzelne Mitarbeiter überlastet werden und unter ihrem Druck nicht nur intensiver, sondern auch länger arbeiten. Die gesundheitlichen Folgen solchen Arbeitens lassen meist nicht lange auf sich warten.

Die neuen Arbeitszeitmodelle erlauben es, unbezahlte Mehrarbeit, wie sie bei Führungskräften oft selbstverständlich ist, auch auf Projektebene und bei Sachbearbeitern durchzusetzen. Auch diese Mitarbeiter bekommen Ziele, die unabhängig von der geleisteten Arbeitszeit erledigt werden müssen.

Allerdings arbeiten heute de facto schon viele Mitarbeiter nach diesem Prinzip, ohne dass hier ein Modell der Vertrauensarbeitszeit angewendet wird. Wenn Mitarbeiter im Vertrieb arbeiten, viel auf Messen oder beim Kunden sind oder ein Teil der Arbeit zu Hause erledigen, spielt Arbeitszeit ohnehin keine Rolle.

Tipp: Es kann nützlich sein, trotz Vertrauensarbeitszeit die eigene geleistete Arbeitszeit festzuhalten.

Denn nach wie vor gelten gesetzliche Bestimmungen wie das Arbeitszeitgesetz, das vorschreibt, unter welchen Voraussetzungen die tägliche Arbeitszeit von acht Stunden ausgedehnt werden kann. Zwar wurden die Bestimmungen erweitert und den Notwendigkeiten flexibler Arbeitszeitgestaltung angepasst. Dennoch befinden sich Modelle wie die Vertrauensarbeitszeit nicht im rechtsfreien Raum. Dazu gehört laut Arbeitszeitgesetz auch die Pflicht von Arbeitnehmern, die Arbeitszeit ihrer Mitarbeiter – trotz Vertrauensarbeitszeit – zu erfassen bzw. erfassen zu lassen. Im Zweifel sollten Sie Ihren Betriebsrat konsultieren.

Vertrauensarbeit funktioniert, das zeigt die Praxis, überall dort, wo das Modell wirklich auf der Grundlage von gegenseitigem Vertrauen praktiziert wird. Vorgesetzte verwechseln ihre Führungsverantwortung nicht mit Herrschen und Kontrolle und sorgen gemeinsam mit den Mitarbeitern für ein Gleichgewicht zwischen Arbeitsanfall und vertraglicher Arbeitszeit. Ein offenes Betriebsklima ist daher eine der wichtigsten Voraussetzungen für das Gelingen von Vertrauensarbeitszeit.

Voraussetzungen für das Gelingen von Vertrauensarbeitszeit

- Einhaltung gesetzlicher Regelungen (Höchstarbeitszeit, Aufzeichnung der Arbeitszeit durch das Unternehmen)
- ausreichend Personal
- eine gelebte Vertrauenskultur
- Beteiligung der Beschäftigten bei der Einführung des Modells

- kompetente Mitarbeiter, die in der Lage sind, ihre Arbeitszeit selbst zu planen und zu organisieren
- kompetente, kooperative Führungskräfte, die bereit sind, ihre bisherige Kontrollfunktion aufzugeben
- Regelungen zum Umgang mit Überlastungssituationen
- Betriebsvereinbarung zur Vertrauensarbeitszeit

Quelle: tempora, journal für moderne Arbeitszeiten, Mai 2003 (Herausgeber: Zeitbüro NRW)

Der Vorteil gegenüber Zeitkonten liegt auf der Hand: Bloße Anwesenheit, die eventuell sogar zum Anhäufen von Überstunden genutzt wird, hat damit keine Chance mehr. Erfolg kann nicht mehr „ersessen“ werden. Das kommt der Masse der Beschäftigten entgegen, die ohnehin auf die Erfüllung ihrer Aufgaben bedacht ist. Nur in wenigen Branchen und Berufen lässt die Anwesenheit direkt auf die Leistung schließen – etwa beim Pförtner. In den meisten Unternehmen hingegen spielt das Arbeitsergebnis eine größere Rolle als die abgeleistete Arbeitszeit. Als Alternative zur Vertrauensarbeitszeit kommen daher auch solche Zeiterfassungen in Frage, die der Mitarbeiter selbst führt und in die er nur einträgt, ob er mehr oder weniger, als vertraglich festgelegt, gearbeitet hat und warum. Dabei spielt der Zeitpunkt des Kommens oder Gehens ebenso wenig eine Rolle wie Pausen oder Abweichungen von Minuten.

Beispiel für eine Selbstaufzeichnung von Arbeitsabweichungen

Tag	Abweichung +/- (in ¼ Stunden)	Bemerkungen
Mo	+ 1,5 Std.	Vorgezogene Besprechung (7.30)
Di		
Mi	+ 0,5 Std.	Längeres Telefonat
Do	– 1,5 Std.	Kindergeburtstag

Quelle: BMWA

6. Behaglich: Vorteile und Grenzen von Telearbeit

Mehr als sechs Millionen Telearbeiter gab es 2002 laut einer Untersuchung des Bonner Forschungs- und Beratungsunternehmens Empirica hierzulande. Demnach ist die Anzahl dieser Arbeitskräfte in Deutschland in den vergangenen drei Jahren stark gestiegen – bei der letzten großen Erhebung der Marktforscher 1999 waren es gerade mal 2,1 Millionen Telebeschäftigte. Jeder sechste Erwerbstätige in Deutschland arbeitet der Studie zufolge inzwischen teilweise außerhalb seines angestammten Büros. Das Interesse an Telearbeit ist groß, der Bedarf kann nicht annähernd gedeckt werden, u.a. weil sich nicht jede Tätigkeit dafür eignet. Dennoch ist das Potenzial vor allem für alternierende Telearbeit, bei der sowohl im Unternehmen als auch zu Hause gearbeitet wird, laut Empirica um mehr als das Zehnfache höher, als die derzeitige Praxis vermuten lässt. Drei von zehn Erwerbstätigen schätzen ihr Tätigkeitsfeld grundsätzlich als geeignet ein und könnten sich vorstellen, mindestens einen vollen Arbeitstag pro Woche zu Hause zu verbringen. Zwar öffnen die Unternehmen zusehends ihre Computersysteme, zögern jedoch oftmals, ihren Beschäftigten zu gestatten, ganze Tage von zu Hause aus zu arbeiten.

Dabei ist Telearbeit keine Erfindung der Gegenwart. Bereits Anfang der 70er Jahre des vorigen Jahrhunderts wurde in den USA über ihre Potenziale diskutiert, vor allem aus wirtschaftlichen und umweltpolitischen Gesichtspunkten heraus. Mit der Entwicklung neuester Informations- und Kommunikationstechnik, aber auch unter dem Druck zunehmender Globalisierung und Flexibilisierung kam das Thema in den 90er Jahren wieder auf die Tagesordnung. Heute wird Telearbeit in vielfältiger Form genutzt, ohne immer diesen Begriff zu verwenden. Das Arbeiten von zu Hause oder vom Kunden aus, die Vernetzung dezentraler Arbeitsplätze oder ganzer ausgelagerter Unternehmensbereiche, Kooperationsnetzwerke zwischen Unternehmen – die Arbeits- und Unternehmensorganisation geht völlig neue Wege. Ob das für den einzelnen Arbeitnehmer in jedem Fall die ideale Lösung darstellt, sei dahingestellt. Fakt ist, dass sich traditionelle Unternehmensstrukturen weiter auflösen werden und der Einzelne sich mit dem Problem auseinander setzen muss. Nur so kann er das Beste für sich daraus machen und persönlich profitieren – auch durch mehr Freizeit.

Was ist überhaupt Telearbeit?

Unter dem Begriff der Telearbeit werden alle Tätigkeiten zusammengefasst, die sich auf Informations- und Kommunikationstechnik stützen und ganz oder teilweise außerhalb des Unternehmens erledigt werden. Dabei werden in den meisten Fällen einzelne Arbeitsplätze in so genannte Home Offices umgewandelt mit dem Ziel, einen dezentralen Arbeitsplatz zu schaffen, der sich ausschließlich oder zum Teil im privaten Wohnraum des Telearbeiters befindet.

Arbeitet der Telearbeiter ausschließlich von zu Hause aus, so spricht man von Teleheimarbeit. Wenn ein Angestellter dagegen abwechselnd im Unternehmen und daheim tätig ist, wird dies als alternierende Telearbeit bezeichnet. Beide Formen der Telearbeit bieten für den Arbeitnehmer und das Unternehmen sowohl Vor- als auch Nachteile.

Mögliche Vor- und Nachteile der Telearbeit für Mitarbeiter

Vorteile

- Beruf und Familie lassen sich besser vereinbaren
- selbstständiges, eigenverantwortliches Arbeiten
- ruhige Arbeitsatmosphäre im Home Office
- größere zeitliche Flexibilität und freie Gestaltung der Arbeitszeit
- größere Arbeitszufriedenheit
- gute Möglichkeit für Wiedereinstieg nach Berufspausen oder zur Überbrückung von Berufspausen
- keine oder wenige Fahrten zu und von der Arbeitsstelle
- wenn Fahrten, dann außerhalb des Berufsverkehrs

Nachteile

- drohende Isolation und Vereinsamung des Heimarbeiters
- keine Trennung von Arbeits- und Privatleben
- schlechtere Karriereaussichten
- rechtliche Unsicherheiten

Mögliche Vor- und Nachteile der Telearbeit für Arbeitgeber

Vorteile

- Kostenersparnis, da man Arbeitsplätze mit geringer Auslastung effektiver nutzen kann
- bessere Kapazitätsauslastung durch flexible Arbeitszeit
- Einsparung von Büroraum und -ausstattung
- Einsparung von Sozialleistungen (für Essengeld- und Fahrtkostenzuschüsse etc.)
- geringere Fehlzeiten von Telearbeitern
- Imagegewinn durch Darstellung als moderner Arbeitgeber
- Bindung wertvoller Mitarbeiter und geringere Fluktuation

Nachteile

- wenig oder kaum Kontrollmöglichkeit über Tätigkeit des Mitarbeiters
- kaum persönlicher Kontakt zum Mitarbeiter
- begrenzte Einbindung in Projekte, die Anwesenheit erfordern
- nicht ständige Erreichbarkeit des Mitarbeiters
- Datenunsicherheit bei elektronischer Übertragung der Arbeitsergebnisse

Formen der Telearbeit

Telearbeit ist ein übergeordneter, nicht fest eingegrenzter Begriff, der in vielen Varianten praktiziert wird. Allen gemeinsam sind lediglich folgende Voraussetzungen:

- Arbeitsort außerhalb des Unternehmens
- Arbeit wird für ein bestimmtes Unternehmen erbracht
- es besteht eine wirtschaftliche Abhängigkeit vom Unternehmen und der Arbeitnehmer hat ein gesetzlich abgesichertes Arbeitsverhältnis
- Arbeit und Kommunikation erfolgen mit Hilfe von Informations- und Kommunikationstechnik (daher der Begriff „Tele")

Heimarbeit: Ganz von zu Hause aus

Die ursprüngliche Form ist die Teleheimarbeit. Grundprinzip: Der Mitarbeiter arbeitet ausschließlich von einem Arbeitsplatz zu Hause aus.

Heimarbeiter besitzen daher keinen Arbeitsplatz im Unternehmen, sondern kommunizieren fast nur über die üblichen elektronischen Wege, wie E-Mail, elektronischer Datentransfer, Videokonferenz oder Telefon mit ihrem Arbeitgeber. Die Arbeit wird am heimischen PC verrichtet, der mit dem Kommunikationssystem des Unternehmens vernetzt ist. Kontakte zu den Kollegen gibt es wenige, da kein regelmäßiger Einsatz vor Ort vorgesehen ist.

Telearbeitnehmer, die ausschließlich daheim arbeiten, gehören zu den so genannten arbeitnehmerähnlichen Personen. Für sie gelten dennoch die üblichen umfangreichen arbeitsrechtlichen Vorschriften sowie das Heimarbeitsgesetz (HAG). Mütter und Schwerbehinderte genießen daneben den besonderen Kündigungsschutz durch das Mutterschutzgesetz (MuSchG) bzw. das Schwerbehindertengesetz (SchwbG).

Alternierende Telearbeit: Mal hier, mal dort

Die wichtigste Rolle in der betrieblichen Praxis spielt indes eine andere Spielart: die alternierende Telearbeit. Dabei betätigt sich der Telearbeiter zu Hause, ist aber auch immer wieder im Betrieb anwesend. Als ideal haben sich drei Tage Heimarbeit und zwei Tage Anwesenheit im Unternehmen pro Woche herauskristallisiert. Der Grund: Bei diesem Rhythmus bleibt der Kontakt zum Unternehmen und zu den Kollegen weitgehend erhalten, der Telearbeiter ist über alle betrieblichen Belange informiert und kann aktiv am Unternehmensleben teilhaben. Unter diesen Bedingungen wird Telearbeit fast immer vertraglich als normales Arbeitsverhältnis festgelegt. Was im Folgenden an rechtlichen Hinweisen gegeben wird, bezieht sich daher zum größten Teil auf diese Form.

Mobile Telearbeit: Immer auf Achse

Eine weitere praktizierte Form ist mobile Telearbeit. Hier arbeitet der Mitarbeiter ortsunabhängig – oft beim Kunden vor Ort – und steht mit Hilfe der Kommunikationstechnik mit dem Unternehmen in Verbindung. Er kann sich in das zentrale Informationssystem des Unternehmens einwählen, dort Daten abrufen sowie seinerseits Abschlüsse, andere Arbeitsergebnisse und Anfragen einspeisen. Meist haben solche Mitarbeiter kein eigenes Büro im Unternehmen, sondern arbeiten bei Bedarf von zu Hause aus. Typisch ist diese Arbeitsweise bei Außendienstmitarbeitern und Servicetechnikern. Im Prinzip fallen auch Handelsvertreter in diese Kategorie. Allerdings sind sie keine Angestellten des Unternehmens, sondern arbeitnehmerähnliche Mitarbeiter, da sie wirtschaftlich vom Unternehmen abhängig sind. Die meisten arbeitsrechtlichen Schutzbestimmungen treffen daher auf sie nicht zu.

Telecenter: Nicht allein

Telearbeit kann auch in so genannten Telecentern geleistet werden, indem man ganze Büroeinheiten aus dem Hauptsitz des Unternehmens oder der Verwaltung in neue Räumlichkeiten auslagert und dort Telearbeitsplätze einrichtet. Entweder in Satellitenbüros, die das Unternehmen in der Nähe der Wohnung von Mitarbeitern einrichtet und in dem mehrere Kollegen eines Unternehmens zusammen arbeiten. Das kann aus Arbeitnehmersicht sinnvoll sein, wenn zu Hause kein Platz für ein Büro ist oder wenn er nicht auf die Kommunikation mit Kollegen verzichten will. Das Unternehmen profitiert, da Arbeitsmittel besser ausgelastet werden. Außerdem kann es Mitarbeiter gewinnen, die sich ansonsten von einem langen Anfahrtsweg ins Unternehmen abschrecken lassen würden.

Die zweite Möglichkeit von Telecentern bieten die Nachbarschaftsbüros. Dies teilen sich im Gegensatz zu den Satellitenbüros Mitarbeiter mehrerer Unternehmen. Für Unternehmen ist das eine preiswerte Lösung, da sie sich die Kosten für Ausstattung, Wartung und Reparatur der Telearbeitsplätze mit anderen Unternehmen teilen können. Auch die Synergieeffekte zwischen benachbarten Branchen, die etwa dann entstehen, wenn eine gemeinsame Dienstleistung für Kunden erbracht wird, sind nicht zu unterschätzen.

Teleservice-Center: Selbstständige Tätigkeit

Teleservice-Center gehören eigentlich nicht zur (angestellten) Telearbeit im engeren Sinne, sondern stellen eine Form der selbstständigen Tätigkeit dar. Der Arbeitsplatz ist hier nicht mit einem Unternehmen fest verbunden, sondern es werden an einem zentralen Arbeitsplatz Teledienstleistungen für fremde Auftraggeber erbracht. Teleservice-Center sind rechtlich selbstständige Unternehmen, die für andere Unternehmen Telearbeitsplätze einschließlich Personal zur Verfügung stellen bzw. Teledienstleistungen anbieten. Beispiele hierfür sind ein Schreibservice oder ein Service, der Präsentationsfolien erarbeitet. Interessant sind solche Dienste vor allem für kleinere Unternehmen, die sich die betreffenden Fachleute nicht im eigenen Unternehmen leisten können oder den Service nur ab und an benötigen.

One-Site-Telearbeit: Arbeitsplatz beim Kunden

Für Unternehmensberater und Softwarespezialisten gehört diese Tätigkeitsform zum Alltag: Während eines Auftrages haben sie ihren Arbeitsplatz direkt beim Kunden, oft über Wochen und Monate. Im Unterschied zur mobilen Telearbeit bekommen diese Mitarbeiter vom Kunden einen stationären Arbeitsplatz eingerichtet. Sie haben also für die Zeit des betreffenden Projekts einen Schreibtisch mit PC und stehen dennoch über moderne Technik wie Laptops stets mit dem eigenen Unternehmen in Kontakt. Telearbeiter in diesem Sinne sind feste Angestellte ihres Unternehmens.

Einige rechtliche Aspekte der Telearbeit

Telearbeit ist ein europäisches Phänomen. Besonders weit entwickelt ist diese Arbeitsform in den skandinavischen Ländern und den Niederlanden, während Deutschland trotz einer rasanten Entwicklung in den 90er Jahren noch im Mittelfeld liegt. Telearbeit ist kein wissenschaftlich begründeter Begriff, sondern beschreibt ein Konglomerat von Arbeitsverhältnissen, wie sie in der Praxis entstanden sind. Auch von der rechtlichen Seite besteht daher großer Aufklärungsbedarf.

Ein europäischer Rahmen

Um ein Stück weit Klarheit und einheitliche Regelungen zu schaffen, haben im September 2002 der europäische Wirtschafts- und Arbeitgeberverband (Unice), die Europäische Union des Handwerks und der Kleinbetriebe, der Europäische Zentralverband der öffentlichen Wirtschaft und der Europäischen Gewerkschaftsbund in Brüssel eine „Rahmenvereinbarung über Telearbeit" unterzeichnet. Diese entwickelt eine Definition für den Begriff Telearbeit und beinhaltet unter anderem den Grundsatz der Freiwilligkeit, den Schutz der Privatsphäre, Regelungen zum Datenschutz, der Arbeitsausrüstung und -organisation sowie der Aus- und Weiterbildung.

Dadurch soll ein allgemeiner europäischer Rahmen abgesteckt werden, der national umgesetzt werden muss. Definiert wurde Telearbeit als „eine Form der Organisation und/oder Ausführung von Arbeit unter Verwendung von Informationstechnologie im Rahmen eines Arbeitsvertrages/eines Beschäftigungsverhältnisses, bei der die Arbeit, die auch in den Einrichtungen des Arbeitgebers ausgeführt werden könnte, regelmäßig außerhalb dieser Einrichtungen verrichtet wird." Die Abmachung beinhaltet außerdem Sozial- und Schutzstandards. Ihr Ziel ist es, EU-weit ein vergleichbares Qualitätsniveau für Telearbeit durch gemeinsame Grundbedingungen zu schaffen.

So werden Arbeitgeber beispielsweise verpflichtet, für eine angemessene technische Ausstattung ihrer Telearbeitnehmer zu sorgen und den Arbeitsschutz zu beachten. Innerhalb der jeweils geltenden Gesetze und Tarifverträge sollen Telearbeiter ihre Arbeitszeit selbst organisieren können. Es darf ihnen nicht mehr Arbeit zugemutet werden als Arbeitnehmern innerhalb der Betriebsgebäude. Grundsätzlich muss es Arbeitnehmern wie Arbeitgebern frei stehen, sich für oder gegen Telearbeit zu entscheiden. Die betriebliche Stellung der Arbeitnehmer soll durch Telearbeit nicht beeinträchtigt werden.

Diese Rechte haben Telearbeiter

Wichtig ist die Frage, ob ein Telearbeiter aufgrund seiner räumlichen Trennung noch zum Betrieb gehört. Da der Telearbeiter zwar (zeitweilig) getrennt vom Unternehmen arbeitet, diese Trennung aber durch die elektronischen Verbindungen ersetzt wird und er voll in die Organisation des Betriebes eingebunden ist, gehört er zum Unternehmen.

Grundsätzlich sollte Telearbeit freiwillig sein. Will der Arbeitgeber mit Hilfe von Änderungskündigungen oder Versetzungen Telearbeit erzwingen, kehren sich die Vorteile, vor allem die Motivation und Arbeitszufriedenheit, schnell ins Gegenteil um. Will sich ein Mitarbeiter gegen eine solche Versetzung oder Änderungskündigung wehren, so kann er Klage beim Arbeitsgericht einreichen. Auch der Betriebs- oder Personalrat kann dem entgegenwirken, indem er seine Zustimmung verweigert, wozu er berechtigt ist.

Tipp: Ein Argument gegen aufgezwungene Telearbeit als (ausschließliche) Heimarbeit bietet der grundrechtliche Schutz der Wohnung, der im Grundgesetz verankert ist (Art. 13 GG), in dem es heißt: „Die Wohnung ist unverletzlich. [...] Eingriffe und Beschränkungen dürfen im übrigen nur zur Abwehr einer gemeinen Gefahr oder einer Lebensgefahr für einzelne Personen, auf Grund eines Gesetzes auch zur Verhütung dringender Gefahren für die öffentliche Sicherheit und Ordnung, insbesondere zur Behebung der Raumnot, zur Bekämpfung von Seuchengefahr oder zum Schutze gefährdeter Jugendlicher vorgenommen werden.“ Nehmen Sie auch in diesen Fall die Hilfe des Betriebs- oder Personalrats in Anspruch.

Die Rechte des Betriebsrates bei der Einführung von Telearbeit sind sehr weitreichend. Er muss bereits im Planungsstadium informiert und zur Beratung herangezogen werden. Auch was die Gestaltung des Arbeitsplatzes, Überwachungsmaßnahmen u.Ä. betrifft, hat er ein Wörtchen mitzureden.

Zu Recht fragen sich viele Arbeitnehmer, ob sie wieder an ihren normalen Arbeitsplatz zurückkehren können, falls sich ihre Lebensbedingungen ändern oder sie mit der Arbeitsweise nicht klar kommen.

Tipp: Das Recht zur Rückkehr an den betrieblichen Arbeitsplatz muss vertraglich vereinbart werden. Entweder über einen Arbeitsvertrag oder eine Betriebsvereinbarung.

Als Arbeitnehmer unterliegen Sie wie an einem betrieblichen Arbeitsplatz den Weisungen Ihres Arbeitgebers. Allerdings in erster Linie per Mail oder Telefon, zumindest in den Zeiten, in denen Sie zu Hause arbeiten.

Ihre Arbeitsleistung wird wahrscheinlich daran gemessen, wie Sie bestimmte Zielvorgaben, die mit Ihnen vereinbart wurden, erfüllen. In vielen Fällen haben Sie aus Gründen der Erreichbarkeit bestimmte Kernarbeitszeiten einzuhalten. Möglich sind auch vertragliche oder betriebliche Vereinbarungen über die Lage der Arbeitszeit. Außerhalb dieser Zeiten steht es Ihnen vollkommen frei, wie Sie Ihre Arbeitszeit verteilen.

Um späteren Auseinandersetzungen vorzubeugen, sollten sich Mitarbeiter und Vorgesetzte vor Beginn der Telearbeit auf eine detaillierte Stellenbeschreibung einigen.

Tipp: Ändert sich die Aufgabe im Laufe der Zeit, muss Ihnen das schriftlich vom Arbeitgeber mitgeteilt werden. Dies kann auch zu einer Veränderung Ihres Einkommens führen.

Wenn Sie Überstunden leisten, dann steht Ihnen wie jedem anderen Arbeitnehmer ein Ausgleich in Form von Freizeit oder Bezahlung zu. Allerdings ist es günstig, notwendige Überstunden vorher mit dem Chef zu besprechen, da er streng genommen zustimmen muss. So vermeiden Sie nachträglichen Ärger.

Tipp: Wie die geleistete Arbeit dokumentiert wird, stimmen Sie mit Ihrem Arbeitgeber ab. Möglich ist ein Arbeitszeittagebuch, das monatlich vorgelegt wird.

Auch sonst haben Sie die gleichen Rechte wie Ihre Kollegen: Wenn Sie krank werden, bekommen Sie Lohnfortzahlung, ebenso wie Ihnen der tariflich festgelegte Urlaub zusteht. Spendiert das Unternehmen Gratifikationen u.Ä., dann kommen Sie gleichberechtigt in deren Genuss.

Praktische Ratschläge für Telearbeit

Bevor Sie mit der Telearbeit beginnen, sollten Sie sich noch eine Reihe weiterer Dinge vor Augen führen, die Sie beachten müssen. Ansonsten könnten Ihnen Nachteile von weitreichender Wirkung entstehen. Es geht darum, wer für Schäden aufkommt, welche Versicherungen Sie benötigen, wie das mit dem Datenschutz ist oder was passiert, wenn Sie einen Arbeitsunfall haben. Das mag etwas weit hergeholt klingen, spielt aber in der Praxis eine wichtige Rolle.

Wer haftet bei Schäden?

Handeln Sie während der Arbeit grob fahrlässig, müssen Sie für Schäden gerade stehen. Das wäre zum Beispiel dann, wenn Sie trotz Aufforderung Ihren Virenscanner nicht aktualisieren, sich Daten aus unsicheren Quellen auf den Rechner laden und ein Virus die Festplatte zerstört bzw. durch Sie ins Unternehmensnetz eindringt. In den meisten anderen, weniger schwerwiegenden Fällen wird Ihr Arbeitgeber sich zumindest anteilig am Schadensersatz beteiligen.

Bei einem Arbeitsunfall während der Arbeit sind Sie wie jeder andere Beschäftigte über die gesetzliche Unfallversicherung abgesichert. Das heißt, sie zahlt für alle medizinisch notwendigen Maßnahmen, damit Sie wieder arbeitsfähig werden, bis hin zur beruflichen Rehabilitation. Falls Sie trotzdem nicht wieder arbeiten können, erhalten Sie eine (geringe) Unfallrente.

Achtung: Der Nachweis, dass es sich um einen Unfall während der Arbeitszeit handelt, ist nicht einfach zu führen, da Sie ja zu Hause arbeiten. Sprechen Sie darüber mit Ihrem Arbeitgeber!

Nicht versichert wären Sie zum Bespiel, wenn Sie mit dem wackligen Schreibtisch, den Ihnen der Arbeitgeber zur Verfügung gestellt hat, zusammenbrechen, während Sie Briefmarken sortieren.

Wichtige Hausratversicherung

Wer zu Hause arbeitet und eine Hausratversicherung besitzt, bekommt Schäden an PC und anderen beruflich genutzten Gegenständen ersetzt.

Achtung: Auch hier sind Vorsatz, aber auch grobe Fahrlässigkeit ausgeschlossen. Grob fahrlässig handeln Sie schon dann, wenn Sie den firmeneigenen Laptop offen auf dem Beifahrersitz liegen lassen, während Sie zum Essen gehen.

Wichtig ist, dass Sie Ihre Hausratversicherung darüber informieren, dass teure Technik in Ihren Räumen installiert wurde. Unter Umständen muss dann nämlich die Versicherungssumme erhöht werden, um im Schadenfall nicht unterversichert zu sein.

Datenschutz

Oft werden bei der Telearbeit personenbezogene Daten verarbeitet. Um hier dem Bundesdatenschutzgesetz gerecht zu werden, sollten Sie sich unbedingt von Ihrem Arbeitgeber darüber aufklären lassen.

Tipp: Der Arbeitgeber trägt die Gesamtverantwortung für den Datenschutz (§ 9 Bundesdatenschutzgesetz). Die Rechtslage ist hier eindeutig. Es stellen sich in diesem Zusammenhang weniger rechtliche als technische Probleme.

Grundsätzlich muss der Arbeitgeber für ausreichenden Datenschutz sorgen. So muss er abschließbare Aktenschränke und sichere Verschlüsselungssoftware für die Versendung von Daten bereitstellen. Durch Administrationsrechte und gesicherte Zugänge sollte er den unbefugten Zugriff Dritter verhindern. Als Telearbeiter haben Sie innerhalb des vorgegebenen Rahmens für Datensicherheit zu sorgen. Dazu gehören auch Verschwiegenheit und vertraulicher Umgang mit Daten. Dieser Grundsatz gilt in der Arbeitswelt aber überall und ist keine Besonderheit der Telearbeit.

Tipp: Was Sie tun können, ist insbesondere, den Zugang zu Ihrem PC mit einem Passwort zu sichern.

Außerdem sollten regelmäßige Benutzerkontrollen durchgeführt, die Datenträger auf unbefugte Verwendung überprüft sowie der Datentransfer überwacht werden. Aber das ist wieder Sache des Arbeitgebers.

Arbeitsschutz

Für Telearbeiter treffen die Regeln des Arbeits- und Gesundheitsschutzes voll zu. Wie andere Arbeitnehmer tragen Sie einen Teil der Verantwortung dafür, dass Sie sicher und gesund arbeiten, selbst. Aber auch der Arbeitgeber ist in der Pflicht. Er muss dafür sorgen, dass Ihr Arbeitsplatz gut beleuchtet ist, Sie gut sitzen und einen vernünftigen Monitor haben, der die Augen nicht über Gebühr beansprucht. Diese Regeln finden Sie auch in der Bildschirmarbeitsverordnung.

Achtung: Da die gesetzlichen Regeln gerade zum Arbeitsschutz sehr streng sind, hat der Arbeitgeber das Recht, sich Ihren Telearbeitsplatz anzusehen (§§ 5,6 Arbeitsschutzgesetz). Er darf also in Ihre Wohnung kommen und sich davon überzeugen, dass alles seine Ordnung hat.

Tipp: Dieses Zugangsrecht ist nicht unbeschränkt. Ihre Wohnung ist laut Grundgesetz geschützt. Um hier zu einer vernünftigen Lösung zu kommen, sollten Sie vorab mit Ihrem Arbeitgeber klären, wann und wie oft er Sie zu Hause aufsucht.

Achtung: Wenn Sie dennoch den Zugang verweigern, kann das zu Abmahnung und Kündigung führen.

Auswirkungen auf den Mietvertrag

Was wird mein Vermieter dazu sagen, wenn ich regelmäßig zu Hause arbeite, fragt sich vielleicht mancher Telearbeiter in spe besorgt.

Zur Beruhigung: Ein Arbeitszimmer in der Wohnung wirkt sich nicht auf Ihren Mietvertrag aus. Selbst wenn laut Mietvertrag eine gewerbliche Nutzung nicht erlaubt ist, kann ein Arbeitszimmer eingerichtet und darin gearbeitet werden.

Achtung: Die Grenze zur Gewerblichkeit liegt dort, wo öfter als gelegentlich Kunden oder Kollegen in Ihre Wohnung kommen und damit andere Mieter belästigen und den Wohnraum mehr als normal abnutzen.

Wenn ganze Telecenter eingerichtet werden sollen, muss der Vermieter in jedem Fall informiert werden.

Wer kauft Arbeitsmittel?

Meist stellt der Arbeitgeber seinen Telearbeitnehmern die erforderlichen Arbeitsmittel zu Verfügung. Dazu können neben dem PC mitsamt erforderlicher Hard- und Software auch Schreibtisch, Aktenschrank und Stuhl gehören. Der Arbeitgeber wartet die Geräte und erhält sie zurück, falls das Arbeitsverhältnis endet. Setzt der Mitarbeiter seinen eigenen PC ein, kann er sich dies vom Arbeitgeber bezahlen lassen, also anteilig die Raummiete sowie Reparaturen, Druckerpatronen, Disketten und CDs oder Papier erstatten lassen. Meist werden diese Posten zu einer Pauschale zusammengefasst. Diese Pauschale ist dann rechtlich als steuerpflichtiger Werbungskostenersatz anzusehen.

Tipp: Vereinbaren Sie schriftlich mit Ihrem Arbeitgeber, wie die Nutzung und Erstattung geregelt sind.

Da der PC in Ihrer Wohnung steht, liegt es nahe, dass berufliche und private Nutzung nicht gänzlich voneinander getrennt werden. Verbietet der Arbeitgeber den privaten Gebrauch, muss das nicht von Nachteil für Sie als Arbeitnehmer sein: Im Falle eines Schadens müssen Sie nicht nachweisen, dass dieser arbeitsbedingt entstanden ist. Die Kosten während der privaten Nutzung werden dann natürlich meist nicht ersetzt.

Tipp: Wer jedoch bei Schäden haftet, muss in diesem Fall dann aber vertraglich vereinbart werden, damit Sie nicht auf Ihren Forderungen sitzen bleiben.

Aufwandsentschädigung

Für alle Kosten, die im Zusammenhang mit der Arbeit zu Hause entstehen – wie Heiz-, Strom- und Kosten für die Internetnutzung – bezahlt in aller Regel der Arbeitgeber, meist als Pauschale. Auch hier ist eine schriftliche Vereinbarung unbedingt notwendig. Telefonkosten, die beruflich entstehen, sollten per Einzelnachweis des Telefonbetreibers mit dem Arbeitgeber abgerechnet werden. Wenn Sie einen Zweitanschluss ausschließlich dienstlich nutzen, dann können Sie neben den Gesprächsgebühren auch die Grundgebühren, den Anschluss und die Telefoneinrichtung abrechnen.

Telearbeit und Steuer

Als Angestellter unterliegen Sie der gleichen Abgabepflicht wie Ihre Kollegen, die direkt im Unternehmen arbeiten, es sei denn, Sie haben einen so genannten Mini-Job (bis 400 Euro) oder einen Job in der so genannten Gleitzone (400 bis 800 Euro). Dann arbeiten Sie entweder ganz ohne steuerliche und SV-Abgaben (Mini-Jobs) oder vergünstigt. In aller Regel werden Sie Ihr Gehalt ganz normal als Nettogehalt überwiesen bekommen, so dass Sie sich um die Abgaben nicht kümmern müssen.

Die Kosten des Arbeitszimmers und die Fahrten zwischen Wohnung und Arbeitgeber können Sie als Werbungskosten geltend machen, zumindest dann, wenn Sie dafür kein Geld vom Unternehmen bekommen.

Sind Sie als Telearbeiter selbstständig, so müssen Sie wie alle Freiberufler die Umsatzsteuer abführen. Dazu gehören zum Beispiel Übersetzer, Journalisten und Schriftsteller.

Um Ihr Arbeitszimmer steuerlich geltend machen zu können, muss es ausschließlich beruflich genutzt werden.

Tipp: Wenn möglich, sollte der Arbeitsraum deutlich von den privaten Räumen getrennt werden und keinerlei Hinweis auf private Nutzung enthalten.

Bei ausschließlich häuslicher Telearbeit können Sie die Kosten in vollem Umfang absetzen. Dies ist bei der alternierenden Telearbeit nicht möglich. Die Höhe des steuerlichen Abzugs richtet sich danach, wie oft das Zimmer beruflich verwendet wird. Exakte Aufzeichnungen darüber sind hilfreich.

Weitere Arbeitsmittel und Reparaturkosten

Zumeist werden Arbeitsmittel wie Druckerpatronen, Disketten etc. vom Arbeitgeber eingekauft und auf Vorrat beim Telearbeiter aufbewahrt. Die Kosten dafür verrechnet der Arbeitgeber als Betriebsausgaben. Der Telearbeiter kann diese Arbeitsmittel aber auch selbst kaufen und die Rechnung auf den Namen des Arbeitgebers ausstellen lassen.

In diesem Fall handelt es sich um einen steuerfreien Auslagenersatz. Bei anderer Ausgestaltung kann es sich auch um Arbeitslohn handeln. Dies hängt vom Einzelfall ab. Ähnlich verhält es sich mit den Reparaturkosten für den PC. In Zweifelsfällen sollte ein Steuerberater hinzugezogen werden.

7. Bewegen: Wie Sie Zeitarbeit für sich und einen neuen Job nutzen

Zeitarbeit ist eine moderne, zeitgemäße Art der Arbeit. Zwar bringt sie vor allem den Unternehmen Vorteile, die für eine begrenzte Zeit Arbeitskräfte einstellen, um personelle Engpässe zu überbrücken oder den Personalbestand für besondere Projekte kurzzeitig aufzustocken. Aber auch für Sie als Arbeitnehmer verbinden sich damit viele Chancen.

Argumente für die Zeitarbeit

- Wirtschaft braucht Zeitarbeit

Gegenwärtig werden rund 300 000 Zeitarbeitnehmer in den Betrieben beschäftigt. Für Unternehmen ist Zeitarbeit ein Weg zu mehr Flexibilität und zur Überbrückung von Personalengpässen. Bedarf besteht etwa bei Termindruck, Auftragsspitzen, Krankheit, Urlaub, Bundeswehr und Schwangerschaft.

- Zeitarbeit ist gesetzlich geregelt

Wie Zeitarbeit zu funktionieren hat, ist im so genannten Arbeitnehmerüberlassungsgesetz geregelt. Sie betreten also keinen rechtsfreien Raum, wenn Sie sich zu Zeitarbeit entschließen. Wer Zeitarbeit anbietet, braucht dafür eine Genehmigung. Außerdem gelten die allgemeinen gesetzlichen Bestimmungen wie das Lohnfortzahlungsgesetz, Bundesurlaubsgesetz, Mutterschutzgesetz, Schwerbehindertengesetz usw.

- Zeitarbeit bietet Karrierechancen

Zeitarbeit ist längst kein Behelf mehr für einen fehlenden Job. Gerade junge Leute nutzen Zeitarbeit gern als Einstieg ins Berufsleben. Der Grund: Hier kann man in Ruhe und bezahlt austesten, welche Branche oder welche Tätigkeit einem besonders zusagen. Die Erfahrungen, die dabei gesammelt werden, sind für folgende Bewerbungen von unschätzbarem Wert. Wer als Zeitarbeitnehmer tätig war, hat Flexibilität und Anpassungsfähigkeit nachgewiesen – Eigenschaften, die Personalabteilungen aller Unternehmen zu schätzen wissen. Aber auch für gestandene Fachleute, die sich auf die Suche nach einer neuen Tätigkeit begeben, kann Zeitarbeit viele Anregungen und Kontakte bieten. Schließlich stellt sie für Mütter und Väter nach der Elternzeit oder einer längeren Unterbrechung eine gute Möglichkeit dar, wieder im Beruf Fuß zu fassen. Denn auch in der Zeitarbeitsbranche sind flexible Arbeitszeiten möglich.

- Zeitarbeit bietet soziale Sicherheit

Das Zeitarbeitunternehmen schließt mit Ihnen einen schriftlichen Arbeitsvertrag ab. Zeitarbeitunternehmen sind normale Arbeitgeber wie andere auch. Der einzige Unterschied: Sie arbeiten nicht bei Ihrem Arbeitgeber, sondern in einem anderen Unternehmen. Für Sie als Zeitarbeitnehmer gelten alle üblichen Bestimmungen wie Renten-, Kranken-, Arbeitslosen- und Unfallversicherung, Arbeitsschutz, gesetzlicher Kündigungsschutz usw. Sie haben Anspruch auf bezahlten Urlaub und Lohnfortzahlung im Krankheitsfall.

- Zeitarbeit fördert Beschäftigung

Etwa 65 Prozent der Zeitarbeiter waren vorher ohne Beschäftigung. Etwa ein Drittel aller Zeitarbeiter bekommt nach einem Einsatz einen festen Arbeitsplatz bei dem vorherigen Leihbetrieb.

Tipps für Zeitarbeitnehmer

Bevor Sie sich auf die Suche nach einer geeigneten Zeitarbeitsfirma machen, sollten Sie sich darüber informieren, welche Qualitätsansprüche Sie an ein solches Unternehmen stellen können. Woran erkennen Sie einen soliden Betrieb?

Der Bundesverband Zeitarbeit Personal-Dienstleistungen e.V. (BZA) gibt dazu folgende Tipps:

1. Jedes Zeitarbeitunternehmen benötigt eine behördliche Erlaubnis zur gewerbsmäßigen Arbeitnehmerüberlassung. Die entsprechende Urkunde hängt oftmals in den Geschäftsräumen aus oder kann auf Verlangen eingesehen werden.
2. Ein verlässliches Qualitätsmerkmal ist die Mitgliedschaft eines Unternehmens im BZA (bzw. im anderen großen Verband der Branche, dem Interessenverband Zeitarbeit, iGZ).
3. Achten Sie auf ordentliche Geschäftsräume und angemessene Umgangsformen. Sie sind ein Indiz dafür, dass es sich um ein seriöses Unternehmen handelt.
4. Reguläre Arbeitsverhältnisse in der Zeitarbeit sind selbstverständlich. Achten Sie auf einen schriftlichen Vertrag, der mindestens folgende Punkte umfasst:
   - die Art der zu leistenden Tätigkeit (Beschreibung/Charakterisierung/Qualifikation)
   - Beginn und Dauer des Arbeitsverhältnisses
   - die maßgeblichen Kündigungsfristen
   - die Höhe der Vergütung, etwaige Zuschläge, freiwillige Zusatzleistungen des Arbeitgebers
   - Leistungen bei Krankheit, Urlaub und vorübergehender Nichtbeschäftigung
   - die Arbeitszeit
   - das Einsatzgebiet (vor allem örtliche Beschränkungen)
   - die Zahl der Urlaubstage (mindestens 24 Werktage/20 Arbeitstage)

Und so funktioniert Zeitarbeit

Nach wie vor kommt die größte Nachfrage nach Zeitarbeit aus dem gewerblichen Bereich und hier vor allem aus der Metall, der Elektro- und der Chemiebranche.

Tipp: Die Art der Beschäftigung hat häufig auch Einfluss auf die Einsatzdauer.

Bei einfachen, standardisierten Tätigkeiten, für die eine kurze Anlernphase ausreicht, dauern die meisten Einsätze weniger als drei Monate.

Je höher die erforderliche Qualifikation und je länger die Einarbeitungszeit, desto länger ist in der Regel der Einsatz. Der Anteil der länger andauernden Einsätze nimmt dabei zu, was darauf hindeutet, dass mehr und mehr auch qualifizierte Arbeit per Zeitarbeit geleistet wird. Das seit Anfang 2004 geltende neue Arbeitnehmerüberlassungsgesetz hebt die bisherige Höchstdauer einer Verleihung von 24 Monaten auf (mehr zu diesem Gesetz gleich).

Das Image verbessert sich

Zeitarbeit ist längst keine Randerscheinung mehr. Nach einer Untersuchung des Instituts für Arbeitsmarkt- und Berufsforschung in Nürnberg aus dem Jahr 2002 hat in den alten Bundesländern jedes fünfte, in den neuen jedes zehnte Unternehmen regelmäßig mit Leiharbeitern zu tun. Inzwischen dürfte sich ihre Zahl noch erhöht haben. Rund 7 000 Personaldienstleister und Personal-Service-Agenturen (PSA) sind auf dem Gebiet tätig. Damit steigt insgesamt die Akzeptanz dieser Arbeitsform. Sie verliert ihr negatives Image als Sammelbecken für einfache, schlecht bezahlte Jobs. Dagegen spricht schon die Tatsache, dass immer mehr Akademiker in Zeitarbeitsfirmen angestellt sind.

Zeitarbeitsfirmen suchen inzwischen gezielt nach Mitarbeitern, die fachlich fit sind und über ausgeprägte soziale Kompetenzen verfügen. Schließlich sollen sich Zeitarbeiter möglichst schnell in das neue Unternehmen integrieren und in die Aufgabe einarbeiten. Hochschulabgänger werden zum Beispiel besonders häufig bei Projekten eingesetzt und sind im Durchschnitt sechs Monate oder länger in einem Unternehmen beschäftigt. In diesem Zeitraum können Zeitarbeitnehmer und Unternehmen herausfinden, ob die Chemie zwischen ihnen stimmt. Auch wenn anschließend kein festes Arbeitsverhältnis entsteht, hat der frischgebackene Akademiker die Möglichkeit, ohne zeitintensives Bewerben in unterschiedlichen Branchen Erfahrungen zu sammeln. Beim Unternehmen entfallen langwierige Stellenausschreibungen und aufwändige Assessment-Center.

Personaldienstleister führen daher ausführliche Gespräche mit Bewerbern über ihre fachliche und persönliche Eignung. Auch Eignungstests sind möglich. Aus beidem wird ein Qualifikationsprofil erstellt, das den

Firmen zur Verfügung gestellt wird, die einen Leiharbeiter suchen. So wird auch sichergestellt, dass Sie als Arbeitnehmer einen Job bekommen, der Ihren Fähigkeiten entspricht.

Tipp: Die folgenden Monate, die Sie im Unternehmen tätig sind, sollten Sie als Probezeit verstehen, falls Sie eine Festanstellung wünschen: Sie können sich als der ideale Mitarbeiter präsentieren und dem Unternehmen nahe legen, Sie einzustellen.

Ein Diskussionspunkt bei Zeitarbeit ist immer wieder die bis zu 30 Prozent geringere Entlohnung als in regulären Jobs. Der Grund: Das Unternehmen, das den Arbeitnehmer verleiht, verdient an dessen Einsatz mit. Üblicherweise wird nach Stunden abgerechnet. Pro geleistete Arbeitsstunde verlangt der Verleiher vom Entleiher eine bestimmte Summe. In dem Verrechnungssatz sind alle Kosten und die Verdienstspanne der Zeitarbeitsfirma enthalten. Mit einem Teil wird das Gehalt des Zeitarbeiters bezahlt.

Neuregelung seit Anfang 2004

Nun gibt es seit Anfang 2004 mit dem neuen Arbeitgeberüberlassungsgesetz (AÜG) in dieser Beziehung eine entscheidende Neuregelung: Als Arbeitnehmer sollen Sie entsprechend dem Gleichbehandlungsprinzip in den Genuss der gleichen Arbeitsbedingungen („equal treatment") kommen, die die Stammbelegschaft des entleihenden Unternehmens hat. Das schließt auch die gleiche Bezahlung („equal pay") ein, wie sie ein vergleichbarer Mitarbeiter bekommt. Und zwar nicht nur Lohn oder Gehalt, sondern auch Gratifikationen, soziale Leistungen u.Ä. Und das vom ersten Tag Ihrer Tätigkeit im Unternehmen an. Für Sie bedeutet das: Vereinbarungen, die Sie schlechter stellen, sind formal unwirksam.

Es ist klar, dass dies Auswirkungen auf die Branche hat, da die Arbeit des Zeitjobbers jetzt wesentlich teurer wird. Allerdings hat der Gesetzgeber ein Schlupfloch gelassen, das viele Zeitarbeitsfirmen jetzt nutzen: Der Personaldienstleister kann mit den Gewerkschaften Tarifverträge schließen, durch die vom „equal treatment" abgewichen werden kann. Anfang 2003 hat die Tarifgemeinschaft Zeitarbeit des DGB mit beiden großen Verbänden der Zeitarbeitsbranche – dem Bundesverband Zeitarbeit Personal-Dienstleistungen (BZA) und dem Interessenverband Zeitarbeit (iGZ) – Tarifverträge vereinbart, die entsprechende Abweichungen, aber auch sonstige Regelungen beinhalten. Die Tarifverträge traten zum 1. Januar 2004 in Kraft und können von den Zeitarbeitsfirmen und den Personal-Service-Agenturen (PSA) angewandt werden. Trotzdem gilt: Lohn und Gehalt sollen sich weitgehend am Entleiherbetrieb orientieren.

Als Kernstück des neuen Manteltarifvertrags, den der BZA für seine Mitgliedsfirmen geschlossen hat, bezeichnet der Verband neben einer regelmäßigen 35-Stunden-Woche das Arbeitszeitkonto für Leiharbeitnehmer. Wie auch in anderen Branchen üblich, kann damit die Arbeitszeit flexibel gestaltet werden. Außerdem regelt der Vertrag alle wichtigen Arbeitsbedingungen von Kündigungsschutz und Urlaub bis zu den Zuschlagsregelungen. Laut BZA beträgt der Stundenlohn zwischen 6,85 Euro (EG1) und 15,50 Euro (EG 9). Eine Facharbeitertätigkeit mit Berufserfahrung wird demnach laut Entgeltgruppe 4 mit 8,70 Euro bezahlt. Mitarbeiter, die längerfristig in einem Unternehmen arbeiten, sollten eine Zulage erhalten, die sich je nach Dauer erhöht.

Tipp: Informieren Sie sich rechtzeitig, ob das von Ihnen gewünschte Unternehmen tarifgebunden ist. Die Manteltarifverträge des DGB mit dem DAZ und dem iGZ sind nachzulesen unter
www.dgb.de/themen/Tarifpolitik/Zeitarbeit/index.htm/.

Insgesamt hat das neue AÜG, das im Zuge der Hartz-Gesetzgebung entstand, die Bedingungen für die Zeitarbeit gelockert, das heißt die staatliche Regulierung weiter zurückgenommen. Damit will man wohl die Zeitarbeit als wichtiges Instrument zur Entlastung des Arbeitsmarktes für Unternehmen attraktiver machen. Aber auch für Arbeitnehmer verbinden sich damit unter Umständen günstige Effekte. Drei Neuregelungen betreffen Leiharbeitsverhältnisse ab sofort besonders:

1. Es entfällt die bisherige Begrenzung eines Zeitarbeit-Einsatzes auf maximal 24 Monate. Damit ist ein dauerhafter, praktisch unbefristeter Einsatz von Leiharbeitnehmern in Unternehmen möglich.
2. Außerdem entfällt das so genannte Synchronisationsverbot. Bisher war es der Zeitarbeitsfirma verboten, einen Arbeitsvertrag ausschließlich für die Dauer des geplanten Einsatzes abzuschließen. Grund: Der

Arbeitnehmer sollte dauerhaft angestellt sein, nicht nur wenige Monate. Daher waren Zeitarbeitsverträge unbefristet, ein in Europa weitgehend unbekanntes Modell. Damit einherging, dass die Zeitarbeitsfirma für die Zeiten zwischen zwei Einsätzen den Lohn weiterzahlte, falls der Anschluss nicht nahtlos klappte.

3. Schließlich gibt es seit Anfang 2004 das Wiedereinstellungsverbot nicht mehr. Bisher galt der Grundsatz, dass eine wiederholte Kündigung und Wiedereinstellung vor Ablauf von drei Monaten unmöglich war.

Fakt ist: Die möglichen Freiräume und die (finanzielle) Sicherheit für Leiharbeitnehmer haben sich durch die neuen Regelungen nicht verbessert. Trotzdem kann diese Arbeitsform ein gangbarer Weg sein, um in den Beruf (wieder) einzusteigen und sich für eine bestimmte Zeit berufliche Abwechslung zu verschaffen. Auch eine berufliche Umorientierung kann mit Hilfe von Zeitarbeit eingeleitet werden. Einen Versuch ist es immerhin Wert.

Die Top Ten der in Deutschland tätigen Zeitarbeitsunternehmen*

Rang	Unternehmen	Umsatz in Mio. EURO		Interne Mitarbeiter		Zeitarbeitnehmer	
		2003	2002	2003	2002	2003	2002
1	Randstad Deutschland GmbH & Co. KG, Eschborn	538,0	526,0	1.310	1.390	22.000	21.000
2	Adecco Personaldienstleistungen GmbH, Fulda	360,0	425,0	900	900	12.500	15.000
3	Manpower GmbH, Frankfurt am Main	286,0	259,0	650	650	11.500	11.300
4	Persona Service AG & Co. KG, Lüdenscheid	276,0	269,0	800	800	9.685	9.600
5	DIS Deutscher Industrie Service AG, Düsseldorf	218,4	232,3	592	646	5.070	5.290
6	Tuja Zeitarbeit GmbH & Co. KG, Ingolstadt	152,6	140,8	298	303	5.261	4.924
7	AutoVision GmbH, Wolfsburg	125,0	110,0	91	82	3.990	3.500
8	Bindan-Gruppe, Stuhr/Bremen	120,8	119,6	342	355	3.900	4.100
9	ZAG Zeitarbeits-Gesellschaft GmbH, Hannover	116,0	115,0	380	350	6.000	5.500
10	Hays Ascena AG, Mannheim	111,0	111,0	182	175	2.400	2.400

* Quelle: www.luenendonk.de

8. Beurlauben: Bildungsurlaub kann jeder machen

Wussten Sie, dass Ihnen jedes Jahr fünf bezahlte Urlaubstage zusätzlich zustehen, die Sie höchstwahrscheinlich noch nie genutzt haben? Bildungsurlaub ist das Zauberwort, mit dessen Hilfe Sie sich zusätzliche Freizeit auf Kosten Ihres Chefs genehmigen können. Zumindest dann, wenn Sie nicht in Baden-Württemberg, Bayern, Sachsen oder Thüringen wohnen. Alle anderen Bundesländer haben nämlich Bildungsurlaubsgesetze, die Ihren Anspruch auf bezahlte Weiterbildung regeln. Bedingung dafür, dass Ihnen das Unternehmen diesen Urlaub genehmigt, ist auf alle Fälle eine anerkannte berufliche oder politische Weiterbildung, auch für ein Ehrenamt. Denn dies ist der tiefere Hintergrund des Bildungsurlaubs-Gedankens: Arbeitnehmer sollen auf diese Weise die Möglichkeit bekommen, Ihren Horizont zu erweitern, ohne aufs Geld sehen zu müssen. Daher läuft während dieser fünf Tage – in den meisten Bundesländern können auch zehn Tage in zwei Jahren genommen werden – Ihr Gehalt weiter.

Achtung: Die Seminar- und Reisekosten tragen Sie als Arbeitnehmer allerdings selbst. Das macht bei einer gewerkschaftlichen Weiterbildung im selben Ort nichts aus. Wollen Sie allerdings eine Bildungsreise nach Spanien machen, muss die Ausgabe gut eingeplant werden.

Beispiel: Eine zehntägige politische und kulturelle Bildungsreise des Essener Bildungswerkes der Arbeiterwohlfahrt (AWO) nach Sizilien kostet inklusive Flug, Übernachtung und Programm 990 Euro.

Dieses Beispiel stammt aus dem Internetangebot www.bildungsurlaub.de, einer Homepage für Nordrhein-Westfalen mit einer Datenbank bestehend aus rund 700 Seminarangeboten von mehr als 110 Anbietern. Andere Themenfelder dieses speziellen Angebotes sind folgende:

Angebote in Nordrhein-Westfalen

- Gesellschaft und Politik
- Ökologie und Umwelt
- Einführung in die EDV
- „Office"-Anwendungen
- Internet
- Grafik & Multimedia
- Betriebssysteme
- Netzwerke & Server
- Datenbanken
- Programmierung
- CAD
- weitere EDV-Themen
- Elektro- und Steuerungstechnik
- Arbeits- und Organisationstechniken
- Englisch
- Französisch
- Spanisch
- Italienisch
- Niederländisch
- Türkisch
- Deutsch
- weitere Sprachen
- Rhetorik und Kommunikation
- Studienreisen
- Sprachreisen
- Fortbildungen in Arbeits- und Organisationstechniken, EDV, Rhetorik und Kommunikation.

99 Prozent der Arbeitnehmer lassen ihren Anspruch auf Bildungsurlaub verfallen. Häufigster Grund: Angst vor beruflichen Nachteilen. Auch

Zeitmangel und Arbeitsüberlastung lassen viele schon vorher resignieren. Vielfach ist auch einfach die Möglichkeit, Bildungsurlaub zu nehmen, nicht bekannt. Arbeitgeber sind natürlich häufig nicht glücklich darüber, wenn Arbeitnehmer ihr Recht einfordern und für einige Tage ausfallen.

Tipp: Daher sollte Bildungsurlaub immer im beiderseitigen Einverständnis eingereicht werden. Ihn mit Gewalt, sprich mit einer Klage, durchzusetzen, ist wahrscheinlich zu hoch gepokert.

Denn: Was nützt der schönste Urlaub, wenn hinterher der Job flöten geht? Wenn Bildungsurlaub überhaupt eingeklagt wird, so die Erfahrungen der Arbeitsgerichte, dann in den meisten Fällen von Mitarbeitern des öffentlichen Dienstes.

Wie sollten Sie vorgehen, um Ihre Chancen zu wahren? Zunächst sollten Sie sich über das Angebot in Ihrem Bundesland informieren. Eine gute Möglichkeit ist das Internet, das unter Eingabe des Stichworts etwa unter google die entsprechenden Seiten bereithält. Die zuständigen Behörden, die den Bildungsträgern Ihre Angebote anerkennen müssen, haben ebenfalls einen guten Überblick. Die Behörden der einzelnen Länder finden Sie im Adressteil am Ende des Buches.

Als zweiten Schritt suchen Sie sich eine Veranstaltung aus, die entweder zu Ihren beruflichen Aufgaben passt oder von der Sie ansonsten irgendwie beruflich profitieren. Erkundigen Sie sich, ob für die gewünschte Veranstaltung noch Plätze frei sind.

Tipp: Für das Gespräch mit Ihrem Arbeitgeber sollten Sie gute Argumente bereithalten. Ein Computerkurs wird wahrscheinlich eher genehmigt als eine Kulturreise nach China.

Sprachkurse dagegen haben fast immer einen beruflichen Bezug, vor allem in international tätigen Unternehmen. Warten Sie nicht zu lange mit dem Gespräch, denn spätestens sechs Wochen vor Beginn des Seminars oder der Reise sollten Sie Ihren Antrag einreichen.

Achtung: In Bremen, Hessen, Niedersachsen und Nordrhein-Westfalen reichen vier Wochen.

Planen Sie Ihren Bildungsurlaub nicht gerade in der Ferienzeit, wo ohnehin wenig Kollegen anwesend und Engpässe programmiert sind. Den Antrag kann man auch erstmal schriftlich stellen:

Musterbrief:

Antrag auf Bildungsurlaub

Sehr geehrter Herr ....,

hiermit beantrage ich fristgemäß sechs Wochen vorher Bildungsurlaub für die Zeit von ... bis ... Ich beabsichtige einen Sprachkurs in ... zu belegen, der von ... angeboten wird. Ich bin überzeugt, dass ich von der intensiven Beschäftigung mit der ... Sprache in meiner beruflichen Funktion als ... profitieren werde. Insbesondere erwarte ich deutliche Vorteile in ... und ... Der Sprachkurs wird von der zuständigen Behörde als Bildungsurlaub anerkannt.

Bitte teilen Sie mir so bald wie möglich mit, ob der Urlaub zu dem gewünschten Termin genehmigt ist, damit ich den Kurs buchen kann.

Mit freundlichen Grüßen

Achtung: Im Prinzip kann Ihr Anliegen nur wegen zwingender betrieblicher Belange abgelehnt werden oder weil der Urlaubswunsch von Kollegen aus sozialen Erwägungen Vorrang hat. Auch wenn Sie noch in der Probezeit sind oder Ihr Unternehmen zu klein ist, haben Sie keine Chancen. Allerdings kann nicht dazu geraten werden, den Anspruch einzuklagen, wie wir bereits festgestellt haben.

Konnten Sie sich mit Ihrem Chef in der Sache und im Termin einigen, buchen Sie direkt beim Veranstalter. Versuchen Sie, eine Anmeldebestätigung fürs Unternehmen zu bekommen. Ihren Urlaubsantrag reichen Sie dann zusammen mit der Bestätigung spätestens sechs Wochen vor Kursbeginn ein. Haben Sie Ihre Veranstaltung absolviert, bekommen Sie als Nachweis eine Teilnahmebestätigung.

Beantragen kann im Prinzip jeder Arbeitnehmer Bildungsurlaub, auch Teilzeitkräfte, Heimarbeiter und Auszubildende. In einigen Bundesländern gibt es hier Ausnahmen, die beachtet werden sollten.

9. Büffeln: Wie Sie ein Teilzeitstudium für sich nutzen können

Teilzeitstudium ist der Sammelbegriff für eine Vielzahl unterschiedlicher Modelle und Möglichkeiten des Studiums. Hochschulen in ganz Deutschland experimentieren seit einigen Jahren unabhängig voneinander mit Konzepten zu Teilzeitstudien, die in Aufbau und Ziel stark variieren.

Im Vordergrund der meisten bisher eingerichteten Teilzeitstudiengänge steht die Verbindung von Studium, Ausbildung und Beruf. Aber auch Studierenden mit Kindern oder Studierenden, die pflegebedürftige Angehörige betreuen, kann ein Teilzeitstudium eine Koordination beider Lebensbereiche ermöglichen und vor allem erleichtern.

Grundsätzlich ist ein Teilzeitstudium ein Studium, das nicht die Haupttätigkeit darstellt, wodurch sich in der Regel die Studiendauer entsprechend verlängert. Der häufigste Grund ist Erwerbstätigkeit neben dem Studium. Daneben können Kindererziehung, Pflege von Angehörigen oder chronische Krankheiten und Behinderungen einen verringerten zeitlichen Aufwand für das Studium bedingen.

Die größte Zielgruppe von Teilzeitstudiengängen stellen die Berufstätigen dar. Besonders an den Fachhochschulen und in Master- und Aufbaustudiengängen ist der Anteil der Studierenden mit einer abgeschlossenen Berufsausbildung oder einem anderen Berufsabschluss sehr hoch. Schon unter dem Aspekt des Praxisbezuges ist es sinnvoll, neben dem Studium weiterzuarbeiten. Ein großer Teil dieser Studierenden sieht im Teilzeitstudium eine geeignete Möglichkeit, sich neben der (Teilzeit-)Arbeit zu qualifizieren und somit fit für den Arbeitsmarkt zu halten.

Die zeitlichen und organisatorischen Bedürfnisse Studierender mit Kindern unterscheiden sich stark von denen der Berufstätigen, da Letztere sehr flexible Lösungen innerhalb der Öffnungszeiten von Kindertagesstätten benötigen, während Berufstätige auf feste Studienzeiten vorwiegend außerhalb der üblichen Arbeitszeiten angewiesen sind.

Studierende mit Kindern geraten ohne ein Teilzeitstudienangebot unter den emotionalen und organisatorischen Druck, ein Studienpensum absolvieren zu müssen, das für Studierende ohne zeitliche Zusatzbelastungen konzipiert ist, gleichzeitig aber auch ihrer Verantwortung als Eltern gerecht zu werden. Als Teilzeitstudenten bekommen sie einen offiziellen Status und sind nicht mehr auf Ausnahme- und Sonderregelungen angewiesen und zwischen verschiedenen Aufgaben hin und her gerissen. Im Jahr 2002 betrug der Anteil Studierender mit Kindern bundesweit ca. 7 Prozent.

Weitere mögliche Zielgruppen für ein Teilzeitstudium sind behinderte oder chronisch kranke Studierende sowie Studierende, die pflegebedürftige Angehörige betreuen. Auch diese Gruppe der Studierenden besitzt eine wesentliche zeitliche und psychische Zusatzbelastung, die in Vollzeitcurricula nicht vorgesehen ist. Auch sie benötigen eine zeitliche und organisatorische Flexibilisierung des Studiums anstelle spezieller Lehr- und Studienangebote.

Daneben gibt es eine große Zahl Studierender, die zwar in ein Vollzeitstudium eingeschrieben sind, aber für ihren Lebensunterhalt in einem Maße jobben gehen müssen, das ein Vollzeitstudium unmöglich macht. Diese individuelle Kombination aus Arbeiten und Studieren – ein so genanntes faktisches Teilzeitstudium – führt regelmäßig zu einer mehr oder weniger großen Überschreitung der Regelstudienzeit.

Dagegen wird in dualen Studiengängen und dem berufsintegrierten Studium die Erwerbstätigkeit offiziell durch die Hochschule organisiert und in den Studienplan integriert. Auch das berufsbegleitende Hochschulstudium entspricht den Anforderungen der Wirtschaft. Viele Hochschulen bieten bereits vor allem im Masterstudium entsprechende offizielle Studienprogramme an.

Was ist ein duales Studium?

- auch kooperatives Studium, Studium im Praxisverbund oder duales System genannt
- Hochschulstudium wird mit einer Berufsausbildung und einer späteren Praktikantentätigkeit in einem Unternehmen verbunden
- Kooperation der Hochschulen mit den ortsansässigen Unternehmen und Berufsschulen
- Grundprinzip: während des Grundstudiums neben den Vorlesungen Besuch einer Berufsschule und Berufsausbildung in einem Partnerunternehmen
- nach Abschluss der Ausbildung und des Grundstudiums mehrere Praktika im Unternehmen und Tätigkeit in vorlesungsfreier Zeit
- das Unternehmen beteiligt sich an der Finanzierung des Studiums und stellt den Absolventen eine feste Anstellung in Aussicht
- sichere Studienfinanzierung durch Ausbildungsvergütung
- vorwiegend in technischen Studienrichtungen

Was ist ein berufsintegriertes Studium?

- Verbindung von Hochschulstudium mit Phasen der praktischen Berufstätigkeit in einem kooperierenden Unternehmen
- vorwiegend in technischen Studiengängen an Fachhochschulen
- Praxisphasen fest in Studienkonzept integriert und durch Hochschule organisiert
- keine Berufsausbildung, sondern Praktika
- meist Vergütung durch Unternehmen
- gute Möglichkeit der Anstellung nach Studienabschluss

Was ist ein berufsbegleitendes Studium?

- spezielles Lehrangebot in Form von Block-, Abend- oder Wochenendseminaren
- häufig als Aufbau- oder Weiterbildungs-Studiengängen oder als Masterprogramm
- Beruf muss während des Studiums nicht aufgegeben werden
- Studierender muss selbst für Vereinbarkeit von Beruf und Studium (Absprachen mit Arbeitgeber, Teilzeitarbeit etc.) sorgen

Was ist ein individuelles Teilzeitstudium?

- wird wahlweise in Teilzeit oder in Vollzeit absolviert
- in der Regel entsprechen zwei Semester in Teilzeit einem Semester in Vollzeit
- ermöglicht eine Verlängerung der Regelstudienzeit und der Prüfungsfristen sowie eine offizielle Änderung des Studierendenstatus
- richtet sich an Erwerbstätige, die ihre Arbeitszeit relativ individuell gestalten und an die Studienzeiten anpassen können, und an Studierende mit Kindern und kranken Angehörigen bzw. an chronisch kranke oder behinderte Studierende
- Hochschulgesetze und Bestrebungen zur Verkürzung der Studienzeit setzen enge Grenzen
- kann grundsätzlich nicht durch das BAFöG gefördert werden

Was ist ein Fernstudium?

- kein Präsenzstudium, sondern Lernen über audiovisuelle Lernmittel im Selbststudium
- durch zeitliche und örtliche Unabhängigkeit besonders gut als Teilzeitstudium geeignet
- Lerntempo und Lernzeiten werden selbst bestimmt
- auch Kombination aus Präsenz- und Fernstudienzeiten möglich
- Online-Studium und E-Learning haben die Möglichkeiten des Fernstudiums wesentlich verbessert

10. Belohnen: Warum nicht mal zur Kur fahren?

Obwohl man den Begriff „Kur“ im neuen Krankenversicherungsrecht nicht mehr findet, gibt es Kuren nach wie vor! Sie heißen jetzt umständlich „ambulante Vorsorgekur“ (früher Badekur), „stationäre Vorsorgeleistung“ und „Reha-Kuren“ (nach Unfall oder Krankheit). Wir wollen uns im Folgenden einmal die ersten beiden Formen ansehen, da Reha-Kuren sich automatisch an schwere Unfälle oder Krankheiten anschließen.

Ambulante Kuren

Eine ambulante Kur können Sie beantragen, wenn

- Ihre Gesundheit so weit angegriffen ist, dass eine Krankheit ohne Kur unvermeidlich wäre,
- sich die Verschlimmerung Ihrer Krankheit mit der Kur aufhalten lässt oder
- sich mit Hilfe der Kur Pflegebedürftigkeit verhindern lässt.

Ambulant heißt diese Form deshalb, weil Sie für Fahrten, Unterkunft und Verpflegung selbst aufkommen müssen.

Tipp: Die Krankenkassen zahlen in der Regel Zuschüsse zu diesen Kosten von bis zu 13 Euro täglich, bei chronisch kranken Kleinkindern sogar bis 21 Euro.

Achtung: Die Höhe variiert von Kasse zu Kasse. Informieren Sie sich rechtzeitig.

Dagegen zahlt die Krankenkasse im Falle einer Genehmigung Ihres Antrags auf Badekur alle ärztlichen Leistungen und Heilmittel, allerdings abzüglich Ihrer Zuzahlungen.

Zuzahlungen für ambulante Kuren

Ab Januar 2004 müssen Patienten bei einer ambulante Vorsorgekur 10 Prozent der Heilmittel und je Verordnung 10 Euro zusätzlich zuzahlen.

Die Belastungs-Obergrenze für Zuzahlungen beträgt für jeden Versicherten zwei Prozent, für schwerwiegend chronisch Kranke ein Prozent der Bruttoeinnahmen zum Lebensunterhalt. Geleistete Zuzahlungen sollten per Quittung oder Nachweisheft dokumentiert werden. Sollte die Summe diese Obergrenze überschreiten, wenden Sie sich an Ihre Krankenkasse.

Ambulante Kuren dauern in der Regel drei Wochen, können aber aus medizinischen Gesichtspunkten verlängert werden. Wer eine Kur beantragt und genehmigt bekommen hat, muss vier Jahre warten, ehe er wieder in den Genuss einer solchen kommt.

Wenn Sie sich eine Badekur genehmigen wollen, sollten Sie sich zuerst von Ihrer Krankenkasse einen entsprechenden Vordruck besorgen. Damit gehen Sie zu Ihrem Hausarzt bzw., wenn es sich um spezielle Leiden handelt, zum Facharzt. Der Arzt muss Ihre Behandlung in einem anerkannten Kurort „anregen“, also begründen, warum welche Maßnahme für Ihr spezielles Problem geeignet erscheint. Außerdem soll er einen geeigneten Kurort vorschlagen. Kann der Arzt keinen Vorschlag zu einem bestimmten Kurort machen, so sind die Anforderungen an den Kurort in dem Antrag anzugeben. In diesem Fall macht der Medizinische Dienst einen Vorschlag. Einen Teil des Antrags füllen Sie selbst aus.

Aufgrund der Angaben Ihres Arztes und eines Gutachtens des Medizinischen Dienstes trifft die Krankenkasse die Entscheidung. Wenn sie die Kur bewilligt, kann sie von dem Vorschlag allerdings auch abweichen. Lehnt die Krankenkasse ganz ab, informiert sie darüber den behandelnden Arzt.

Tipp: In diesem Fall können Sie über einen Widerspruch gegen die Ablehnung der Krankenkasse vorgehen. Ein Brief an die Krankenkasse könnte so aussehen:

Musterbrief:

Versicherungsnummer .../ Ablehnung Kurantrag vom .../ Widerspruch

Sehr geehrte Damen und Herren,

hiermit lege ich Widerspruch gegen die Ablehnung meines Kurantrages vom ... ein, die mir am ... über meinen Arzt zugegangen ist.

Mein Arzt Dr. ... hält eine Kur wegen meines Leidens ... für dringend geboten (siehe Kopie des Attests). Daher hatte ich eine ambulante/stationäre Vorsorgekur beantragt. Da ich seit ... Jahren nicht mehr zur Kur war, kann ich Ihre Ablehnung nicht nachvollziehen, zumal die Kur gute Aussichten auf Besserung verspricht, wodurch sich spätere Behandlungskosten verringern lassen.

Außerdem wird die Ablehnung meines Kurantrages nicht näher begründet. Was hat Sie dazu bewogen?

Bitte überprüfen Sie Ihre Entscheidung noch einmal. Falls Sie weitere Angaben wünschen, stehe ich telefonisch unter ... von ... bis ... Uhr zur Verfügung.

Mit freundlichen Grüßen

Bewilligt die Krankenkasse die Maßnahme, stellt sie einen Kurarztschein aus. Diesen Kurarztschein muss Ihr Arzt vollständig ausfüllen, denn der Schein ist die Basis für alle Behandlungen am Kurort. Nur das, was hier verordnet wird, bekommen Sie dann während der Kur auch.

Achtung: Für die Zeit der Kur stehen Ihnen weder Lohnfortzahlung noch Krankengeld wie im Krankheitsfalle zu. Sie müssen also bezahlten oder unbezahlten Urlaub nehmen. Klären Sie unbedingt vorher mit Ihrem Arbeitgeber, wann und wie Ihnen die freie Zeit für die Kur genehmigt wird.

Stationäre Kuren

Auch die stationäre Kur ist eine Vorsorgeleistung. Die Voraussetzungen dafür, dass sie bewilligt wird, sind daher die gleichen wie bei ambulanten Kuren. Allerdings haben Sie nur Chancen auf Bewilligung, wenn durch eine einfache Badekur keine Besserung Ihrer Gesundheit zu erreichen ist.

Bei stationären Kuren übernimmt die Krankenkasse auch die Kosten für Unterkunft und Vollverpflegung. Jeder, der älter als 18 Jahre ist, muss pro Tag allerdings 10 Euro zuzahlen und sich auch an den Fahrkosten beteiligen. Stationäre Kuren dauern in der Regel drei Wochen, bei Kindern etwa vier bis sechs Wochen. Kinder brauchen natürlich auch zum Kuraufenthalt nichts zuzahlen, die Kosten werden von der Krankenkasse voll übernommen.

Tipp: Bekommen Sie eine stationäre Kur im Anschluss an einen Krankenhausaufenthalt, ist die Dauer der Zuzahlung pro Jahr auf 28 Tage beschränkt.

Achtung: Auch stationäre Kuren können – von Ausnahmen abgesehen – nur alle vier Jahre angetreten werden.

Mutter/Vater-Kind-Kuren

Auch viele Kinder leiden inzwischen unter chronischen Erkrankungen, wie Allergien, Asthma oder Hautleiden. Wenn Kinder krank sind, ist immer auch die Gesundheit der Eltern beeinträchtigt. Für sie ist eine Mutter/Vater-Kind-Kur ideal. Diese Kurform ist auch für Eltern gedacht, deren Kinder die Trennung von ihnen nicht verkraften würden. Auch wenn es darum geht, gemeinsame Probleme zu bewältigen, ist eine solche Kur empfehlenswert.

Allein das Müttergenesungswerk betreut über 100 anerkannte Häuser, die auf Kuren für Eltern und Kinder spezialisiert sind. Die Kinder erhalten die für sie notwendigen Anwendungen und werden tagsüber von qualifizierten Fachkräften betreut. Die Eltern können sich so ganz auf ihre Therapie einstellen und Zeit für sich finden.

Gemeinsame Angebote für Eltern und Kinder eröffnen die Möglichkeit, ganz neue Seiten aneinander zu entdecken: Sei es beim therapeutischen Turnen oder Schwimmen, bei kreativen oder sportlichen Aktionen oder einfach beim gemeinsamen Ausflug. In Gesprächsrunden werden viele Fragen aufgegriffen, die Eltern immer wieder beschäftigen: Erziehung, Partnerschaft, Konfliktbewältigung. Auch spezielle Themen, wie Ernährungsberatung bei bestimmten Krankheitsformen werden regelmäßig angesprochen.

An Mutter/Vater-Kind-Kuren können in der Regel Kinder von drei bis zwölf Jahren teilnehmen, aber auch für kleinere Kinder gibt es einige Kurplätze. Manche Kurhäuser sind auf die Bedürfnisse von behinderten Kindern eingerichtet (für sie gilt die Altersgrenze von 12 Jahren nicht).

Es gibt zwei Stationen auf dem Weg zur Kur: Bei ihrer Ärztin oder ihrem Arzt schildert Frau oder Mann die Situation. Sollte der Arzt die für eine Kur notwendigen Indikationen feststellen, begründet er in einem Attest möglichst präzise, warum eine Kur notwendig ist. Das Gleiche tut der Kinderarzt für die Kinder, die mitreisen sollen. Mit diesen Attesten wendet sich die Mutter bzw. der Vater an die Beratungs- und Vermittlungsstelle eines Wohlfahrtsverbandes.

Hier werden Mutter/Vater-Kind-Kuren vermittelt

- Arbeiterwohlfahrt
- Der Paritätische Wohlfahrtsverband
- Deutsches Rotes Kreuz
- Evangelische Arbeitsgemeinschaft für Müttergenesung e.V.
- Caritasverband (Katholische Arbeitsgemeinschaft für Müttergenesung e.V.)

Dort werden Sie umfassend beraten und finden die passende Kureinrichtung.

Tipp: Sie können auch direkt zu einer Beratungs- und Vermittlungsstelle gehen, wenn Sie sich zunächst über die Möglichkeiten einer Kur informieren wollen. Die Kurberaterin gibt Ihnen gegebenenfalls auch die Attestformulare mit, die Ihr Arzt bzw. der Kinderarzt beim Verordnen einer Kur ausfüllen wird. Über den Kurantrag entscheidet die Krankenkasse. Mutter/Vater-Kind-Kuren werden in der Regel vollkommen von den Krankenkassen übernommen, bis auf den obligatorischen Eigenanteil von 10 Euro pro Tag für Vater oder Mutter.

Weiterer großer Vorteil der Mutter/Vater-Kind-Kuren gegenüber Vorsorgekuren: Sie brauchen hierfür nichts von Ihrem Urlaub opfern, sondern müssen vom Unternehmen freigestellt werden.

Achtung: Als privat Krankenversicherter bekommen Sie eine solche Kur nur erstattet, wenn Sie dafür eine Zusatzversicherung abgeschlossen haben. Dies sollten Sie auf jeden Fall im Vorfeld abklären.

Ein Problem gerade für allein erziehende Väter und Mütter mit mehreren Kindern – in der Regel die Gruppe von Eltern, die eine Kur am nötigsten hat – ist die Versorgung von Kindern, die zu Hause zurückbleiben.

In vielen Fällen können der andere Elternteil, Großeltern, andere Verwandte oder Freunde einspringen.

Tipp: Muss der Betreffende hierfür unbezahlten Urlaub nehmen, übernimmt die Krankenkasse in der Regel einen Teil des Lohn- oder Gehaltsausfalls.

Falls niemand für die Kinderbetreuung gefunden werden kann, hilft die Kurbetreuerin in der Beratungsstelle bei der Suche nach einer Familienpflegerin. Die Krankenkasse trägt die Kosten, wenn die Kinder unter 12 Jahre alt oder behindert sind.

Auch nach der Kur können sich Eltern mit ihrer Kurberaterin in Verbindung setzen, um die erzielten Erfolge zu bewahren. Sie erhalten dort Informationen über Kurse und Gesprächsgruppen. So finden Eltern Anregungen und Möglichkeiten, wie und wo sie weiterführende Therapien wahrnehmen oder einfach in Kontakt mit anderen Eltern bleiben können.

11. Beflügeln: Das Sabbatical als Zeit zum Besinnen und Auftanken

Nach sechs Jahren Bewirtschaftung, so beschreibt das Alte Testament das Sabbatjahr, sollst du dein Feld ein Jahr ruhen lassen. Nur so lassen sich die Erträge stabil halten oder gar steigern. Genau nach diesem Prinzip funktioniert auch im Wirtschaftsleben das Sabbatjahr oder Neudeutsch „Sabbatical": Wer mit seinem Langzeitkonto genug Arbeitszeit angespart hat (siehe Kapitel 5), der kann eine vorher vereinbarte Auszeit nehmen und bekommt anteilig sein Gehalt weitergezahlt.

Sabbatical in Kürze

Sabbatical ist eine besondere Form der Teilzeitarbeit. Es besteht aus zwei Phasen: Einer Arbeits- und einer Freistellungsphase. In der ersten Hälfte wird für Teilzeitgehalt Vollzeit gearbeitet, in der zweiten Hälfte für das gleiche Gehalt ein längerer Freizeitblock genommen. Beide Phasen sind Teil eines Vertrages zwischen Firma und Mitarbeitern.

Viele wollen es, wenige wagen es

Für Menschen, die unerfüllte Wünsche mit sich herumtragen oder einfach ausgebrannt sind und nach neuer Motivation suchen, ist das Sabbatical der effektivste Weg aufzutanken: Die relativ lange Zeit von drei bis 12 Monaten, die eine Sabbatzeit im Allgemeinen umfasst, bringt die nötige Distanz und Gelassenheit, um wirklich – anders als in drei Wochen Urlaub – auszuspannen.

Was Arbeitnehmer mit dem Sabbatical verbinden*

- 19 Prozent wünschen sich eine Auszeit von bis zu drei Monaten,
- 36 Prozent von bis zu sechs Monaten und
- 39 Prozent von bis zu 12 Monaten Dauer,
- 35 Prozent wollen Reise oder lange Urlaub machen,
- 64 Prozent wollen sich beruflich weiterbilden, ein Buch schreiben oder ein Haus bauen.

*Quelle: BMWI-Umfrage aus dem Jahr 2001

Verschiedene Umfrage haben belegt: Rund 70 Prozent der Deutschen würden dem Arbeitsalltag gern für eine gewisse Zeit den Rücken kehren. Nur ganz wenige wagen es wirklich, häufig weil der Wunsch nach Auszeit in vielen Unternehmen mit Müßiggang und Faulheit verbunden wird. Dabei machen uns andere Länder vor, wie es gehen kann: In Dänemark etwa fördert der Staat Aussteiger finanziell. Die frei werdenden Stellen werden mit Langzeitarbeitslosen bis zur Rückkehr des Urlaubers besetzt, die ihrerseits damit ihre Chancen auf beruflichen Neuanfang verbessern. Auch die Niederlande und Finnland haben ähnliche Programme eingeführt.

Achtung: Arbeitgeber sind häufig nicht davon überzeugt, dass die Sache wirklich funktioniert.

Nach der oben erwähnte Studie glaubt nur jeder 5. Personalverantwortliche, dass die Mitarbeiter anschließend motivierter ans Werk gehen, und 56 Prozent gehen davon aus, dass Rückkehrer Integrationsprobleme beim Wiedereinstieg bekommen. Nur sechs Prozent der Unternehmen bereiten ihre Mitarbeiter auf Aus- und Einstieg vor.

Die Furcht vor der Frage, was nach der Rückkehr vom Sabbatical beruflich passiert, lässt viele Interessierte zurückschrecken. Unternehmen, die Sabbaticals ermöglichen, garantieren zwar in der Regel die Rückkehrmöglichkeit. Oft aber nicht auf den angestammten, sondern auf einen anderen Arbeitsplatz. 40 Prozent der Arbeitnehmer aus der oben genannten Studie befürchten, dass ihre Stelle bei der Rückkehr von einem anderen Kollegen besetzt ist und die Karriere ins Stocken gerät.

Tipp: Diese Risiken können Sie weitgehend umgehen, wenn Sie Einfluss auf Ihren Sabbatical-Vertrag nehmen. Sorgen Sie dafür, dass eindeutig festgelegt wird, ob Sie an Ihren alten Arbeitsplatz zurückkehren oder ob auch ein gleichwertiger anderer in Frage kommt.

Achtung: Wenn Sie Ihr Sabbatical nicht aufgrund eines Teilzeitvertrages machen, sondern dafür unbezahlten Urlaub nehmen, muss ebenfalls vertraglich festgelegt werden, wer für die Sozialversicherungsbeiträge aufkommt und welche Folgen die Auszeit für eine eventuelle Betriebsrente hat.

Ob Sie Ihr Ansinnen mit Erfolg in die Tat umsetzen, hängt nicht zuletzt davon ab, wie überzeugt Sie selbst davon sind. Wenn Sie mit Ihrem Chef über Ihr Vorhaben sprechen, dann sollten Sie schon sehr genau wissen, warum eine Sabbatzeit gerade für Sie und gerade jetzt von Nutzen ist. Obwohl es den Chef streng genommen nichts angeht, wie Sie Ihre Auszeit nutzen wollen: Geben Sie ihm Futter und erläutern Sie, wie sich Ihr Vorhaben auf die Zeit nach Ihrer Rückkehr auswirken wird und welchen Nutzen das Unternehmen davon hat. In einem der folgenden Abschnitte und im nächsten Kapitel gehen wir noch ein wenig ausführlicher auf das Thema Verhandeln ein.

In Unternehmen, die über kein eigenes Sabbatical-Programm verfügen – und das ist noch die überwiegende Mehrheit –, werden Sie es wahrscheinlich schwerer habe, auf Verständnis zu stoßen. Fühlen Sie sich als Pionier, denn irgendjemand muss schließlich den Anfang machen! Höchstwahrscheinlich werden Ihnen andere folgen.

Beispiele für Sabbat-Programme

Ganz fein raus sind in punkto Sabbatjahr Beamte: Sie haben einen Rechtsanspruch auf selbst finanzierte Freistellung. Bereits seit 1998 gestattet dieses Teilzeitmodell Beamtinnen und Beamten auf Antrag, für die Dauer von drei bis sieben Jahren die Arbeitszeit auf zwei Drittel bis sechs Siebtel ihrer Arbeitszeit mit dem Ziel zu ermäßigen, nach zwei bis sechs Jahren Vollbeschäftigung anschließend ein ganzes Jahr vom Dienst freigestellt zu werden. Vor allem für Lehrer, die in besonderem Maße vom Burnout-Syndrom betroffen sind, ist diese Regelung ein wahrer Segen.

Aber auch andere Unternehmens-Modelle zeigen, dass Sabbaticals möglich, planbar und von beiderseitigem Vorteil sind. Dabei gibt es keine einheitliche Lösung. Jedes Unternehmen geht anders an das Problem heran.

- BMW: Der Autohersteller gehört zu den Pionieren auf dem Gebiet. Seit 1994 haben rund 3.000 Menschen das Angebot genutzt, wobei fast 85 Prozent davon Männer waren. Jeder Mitarbeiter kann mit seinem Chef eine persönliche Einsatzpause zwischen einem und sechs Monaten vereinbaren. Für jeden Monat Freizeit wird das Einkommen um ein Zwölftel reduziert und während des Sabbaticals weitergezahlt. Der Abzug wird von betrieblichen Sonderzahlungen wie Erfolgsbeteiligung, Urlaubs- und Weihnachtsgeld vorgenommen, gegebenenfalls auf drei Jahre verteilt. Durchschnittlich werden drei Monate Freizeit gewählt. Mitarbeiter und Chef organisieren vorher eine Vertretung bzw. Arbeitsteilung.
- Hewlett Packard: Mosaikförmig setzt sich das Modell aus verschiedenen Bausteinen zusammen. Mehrarbeit kann auf Kurzzeitkonten gesammelt und, sobald ein ganzer Tag zusammengekommen ist, auf ein Langzeitkonto übertragen werden. Hier kann die Vorarbeitszeit allmählich auf Monate und Jahre anwachsen. Auch nicht in Anspruch genommener Urlaub fließt aufs Langzeitkonto. Wie die freie Zeit genommen wird, bleibt dem Mitarbeiter überlassen. Einzige Regel: Rechtzeitige Absprachen mit Kollegen und Vorgesetzten, um Kapazitätsengpässe zu vermeiden. In diesem Rahmen sind auch Sabbaticals ausdrücklich vorgesehen. Wer schneller zum Freizeitblock kommen möchte, kann auch gezielt Zeit sparen, und zwar auf Teilzeitbasis. Beispiel ist die Formel 100 = 80 + 20. Das bedeutet: Der Mitarbeiter arbeitet freiwillig 40 Stunden (100 Prozent), obwohl seine vertragliche Arbeitszeit nur 32 Stunden (80 Prozent) beträgt. Die Differenz von acht Stunden (20 Prozent) wird auf seinem Zeitkonto gutgeschrieben. Einmal pro Jahr kann der Mitarbeiter seine vertragliche Wochenarbeitszeit neu festlegen und damit das Tempo des Ansparens verlangsamen oder erhöhen. Wer bereits Teilzeit ar-

beitet, kann nur neun Tage pro Jahr ansparen und ab der ersten Mehrarbeitsstunde auf dem Zeitkonto gutschreiben lassen.

- Procter&Gamble: Dieses Unternehmen gewährt jedem Mitarbeiter, der mindestens fünf Jahre ununterbrochen im Unternehmen beschäftigt ist, einen unbezahlten Sonderurlaub von bis zu drei Monaten. Danach beträgt die Wartezeit sieben Jahre bis zur nächsten Auszeit. Dieser Sonderurlaub sollte möglichst zwischen einem Stellenwechsel genommen und mindestens sechs Monate vorher beim Vorgesetzten beantragt werden. Auch der Zeitpunkt sollte auf die betrieblichen Erfordernisse abgestimmt werden.

Wie finanzieren Sie Ihr Sabbatjahr?

Im Vorgriff auf Kapitel 13 hier einige Anmerkungen zum Thema Finanzen. Geld spielt eine entscheidende Rolle in der Planung Ihrer beruflichen Auszeit. Denn obwohl unter Umständen kein Geld fließt, geht das Leben doch weiter. Fein raus ist derjenige, der vorher Arbeitszeit angespart hat und nun seine Freizeit bezahlt genießen kann. In diesem Fall werden auch alle Sozialversicherungsbeiträge weiter abgeführt. Wer allerdings unbezahlten Urlaub nehmen oder gar kündigen will, der muss unbedingt vorher genau kalkulieren, ob er sich den Ausstieg überhaupt leisten kann. Ein Kassensturz über Einnahmen und Ausgaben kann dabei gute Dienste leisten. Viele der Kosten werden nämlich auch während des Sabbaticals weiterlaufen, wie Miete und Versicherungen. Dazu kommen zusätzliche Kosten für Reisen, Weiterbildungen und Ähnliches, je nachdem, was genau Sie sich vornehmen.

Tipp: Sie sollten sich möglichst lange vorher einen Sparstrumpf zulegen und genug zur Seite legen.

Vor allem bei einem längeren Auslandsaufenthalt müssen Sie sehr realistisch herangehen. Wie sind die Lebenshaltungskosten im gewünschten Land? Bei Reisen in asiatische Länder zum Beispiel müssen Sie zwar mit hohen Flugkosten rechnen, dort lebt sich's aber ausgesprochen preiswert. Günstig für die Bezahlung in fernen Ländern sind Kreditkarten. Auch ein ausführliches Beratungsgespräch mit Ihrer Bank darüber, wie Sie sich beim Bezahlen im Ausland verhalten, kann nicht schaden. Kontoauszüge sollten Sie sich an Ihre neue Adresse schicken lassen (gegen Gebühr). Informieren Sie sich vorher, ob und wo Ihre Hausbank im Ausland vertreten ist. Die großen Banken finden Sie relativ häufig, bei kleinen wird's dagegen schwierig.

Überlegen Sie genau, wo Sie Ausgaben reduzieren können. Worauf können Sie im Sabbatjahr verzichten? So kann man zum Beispiel Lebensversicherungen beitragsfrei stellen, ohne dass der Versicherungsschutz in Frage gestellt ist. Vereinsmitgliedschaften – zumal wenn sie nur noch auf dem Papier existieren – sollten Sie jetzt kündigen. Auch Fernsehen und Rundfunk können Sie – falls Sie verreisen wollen – abmelden.

Besonderheiten bei unbezahlter Freistellung

Wer unbezahlt frei nimmt, bei dem ruht für diese Zeit das Arbeitsverhältnis – mit allen Konsequenzen. Ihr Arbeitgeber meldet Sie bei den Versicherungsträgern ab, längstens einen Monat sind Sie noch versichert. Auch der wichtige Krankenversicherungs-Schutz ruht dann.

Achtung: Das müssen Sie auf jeden Fall verhindern. Auch während Ihres Sabbaticals benötigen Sie unter Umständen ärztliche Hilfe.

Tipp: Erkundigen Sie sich bei Kranken- und Rentenversicherung über die Zahlung von freiwilligen Beträgen und lassen Sie sich ausrechnen, welche Auswirkungen das etwa auf die Rente hat. Sind Sie arbeitslos gemeldet, dann sind Sie zwar über die Arbeitsagentur unfall-, pflege-, kranken- und rentenversichert. Nur können Sie dann auch keine längeren Reisen machen, da Sie der Arbeitsagentur zur Arbeitsvermittlung zur Verfügung stehen müssen.

Achtung: Tun Sie das nicht und verschwinden Sie für längere Zeit, riskieren Sie das Arbeitslosengeld.

Bei Reisen ins Ausland benötigen Sie zusätzlichen privaten Krankenversicherungs-Schutz. Denn: Wer im Ausland krank wird, zahlt seine Arztrechnung in aller Regel sofort und bar. Mit einer Auslandsreise-Krankenversicherung bekommen Sie zu Haus das Geld auf Quittung von der Krankenversicherung ersetzt.

Achtung: Die üblichen Standard-Policen gelten nur für Urlaubsreisen von bis zu 42 Tagen, selten für 60 Tage. Das reicht für einen längeren Aufenthalt nicht.

Fragen Sie daher Ihren Versicherer nach Konditionen für den von Ihnen gewünschten Zeitraum.

Die Arbeitslosenversicherung können Sie für die Auszeit ruhen lassen. Grundsätzlich gilt: Nur wer arbeitet, zahlt auch in die Arbeitslosenversicherung ein. Da Sie nicht arbeiten, zahlen Sie für diese Zeit auch nicht ein. Ansprüche, die Sie bereits erworben haben, gehen dadurch nicht verloren. Mit den Abschlägen in der Rentenversicherung, die durch die Einzahlungspause entsteht, müssen Sie wahrscheinlich leben. Auch hier besteht allerdings die Möglichkeit der freiwilligen Weiterversicherung.

Tipp: Ziehen Sie Ihren Rentenversicherungs-Träger zu Rate, falls Sie sich um Ihre Rente Sorgen machen.

Was die gesetzliche Unfallversicherung betrifft, so zahlt diese ohnehin nur für Unfälle, die auf dem Weg zur und von der Arbeit bzw. während der Arbeit passieren. Da Sie sich dafür entschieden haben, gerade dies für eine Zeitlang nicht zu tun, haben Sie also auch keine Ansprüche. Für die Folgen von Unfällen während Ihrer Freizeitphase kommt dann eine private Unfallversicherung auf, so Sie eine haben.

Alle anderen privaten Versicherungen – Haftpflicht, Hausrat u.Ä. – sollten Sie unangetastet lassen. Die Haftpflichtversicherung gilt weltweit und schützt Sie auch im Ausland davor, für Schäden zu bezahlen, die Sie Dritten versehentlich zufügen.

Tipp: Ihren Pkw können Sie für die Zeit Ihrer Abwesenheit abmelden, falls er nicht von jemand anderem gefahren wird. Das spart Steuern und – wenn Sie es Ihrer Kfz-Versicherung mitteilen – auch Versicherungsprämie.

So gelingt Ihr Sabbatical

Bevor Sie Ihr Sabbatical antreten, sollten Sie speziell für den Fall, dass Sie sich außer Landes begeben, einige wichtige organisatorische Dinge beachten. Vorausgesetzt natürlich, Sie haben vorher mit Ihrem Arbeitgeber alles klar gemacht und wissen, wann es losgehen soll. Was Geld und Versicherungen betrifft, haben wir eben schon einiges gesagt. Sie müssen jedoch auch noch an einige andere wichtige Dinge denken, die Ihnen ansonsten unnötigen Stress bereiten.

Was wird aus der Wohnung?

Wenn Sie für längere Zeit verreisen, lohnt es sich, einen Untermieter für die Wohnung zu suchen.

Achtung: Sie müssen allerdings formal Ihren Vermieter um Erlaubnis bitten. Sonst droht fristlose Kündigung.

Der Vermieter kann Ihnen die Bitte aber nur aus schwerwiegenden Gründen abschlagen, die in der Person des Untermieters begründet sind. Ansonsten geht Ihr berechtigtes Interesse an einer Untervermietung vor. Am besten, Sie finden im Familien- und Freundeskreis jemanden, der gern in Ihre Wohnung zieht, auch wenn Sie dann vielleicht nicht die volle Miete bekommen. Ganz Fremden die Wohnung mit sämtlichem Mobiliar zu überlassen, ist nicht jedermanns Sache. Wenn doch, finden Sie in der Mitwohnzentrale (www.mitwohnzentrale.de) vielleicht den passenden Untermieter.

Wenn Sie untervermieten, sollten Sie einen ordentlichen Vertrag aufsetzen. Läuft die Sache über die Mitwohnzentrale, bekommen Sie automatisch einen wasserdichten Vertrag. Schäden an Ihrem Mobiliar muss die Haftpflichtversicherung Ihres Untermieters bezahlen.

Tipp: Vergewissern Sie sich daher, ob er/sie einen solchen Vertrag besitzt. Gegen Sturm, Brand, Leitungswasser (ausgelaufene Waschmaschine!) und Diebstahl sind Sie weiterhin über Ihre Hausratversicherung geschützt, auch wenn Sie nicht selbst in der Wohnung leben.

Gesundheitsvorsorge

Bevor Sie der Heimat ade sagen, sollten Sie sich noch mal von Ihrem Hausarzt durchchecken lassen. Decken Sie sich mit Medikamenten ein, die Sie regelmäßig nehmen müssen. Auch andere „Reisemedizin“, wie Schmerz-, Kohle- oder Fiebertabletten und ein Fieberthermometer können nicht schaden. Haben Sie alle Impfungen? Neben den hierzulande üblichen kann es gut möglich sein, dass Sie im Ausland weitere Impfungen benötigen. Das Auswärtige Amt (www.auswaertiges-amt.de, Links zu Länderinformationen und zu Gesundheitsdienst) gibt Ihnen ausführliche Informationen zur Gesundheitsvorsorge bei Auslandsaufenthalten.

Tipp: Im AA bekommen Sie auch Sicherheitshinweise für Ihr Reiseziel. Sollte es Sicherheitswarnungen geben, nehmen Sie diese sehr ernst und überdenken Sie Ihr Vorhaben noch einmal. Außerdem sollten Sie sich aufschreiben, wo es konsularische Betreuung in Notfällen gibt.

Das Bankkonto

Stellen Sie vor Reisebeginn am besten alle regelmäßigen Geldzahlungen auf Abbuchung oder Dauerauftrag um. Dann kann nichts Gravierendes passieren. Beantragen Sie online-Banking, falls nicht schon passiert. So können Sie aus der Ferne Ihre Kontobewegungen kontrollieren. Vereinbaren Sie mit der Bank, dass Ihre Kontoauszüge entweder an Ihren Urlaubsort oder an eine Vertrauensperson zu Hause geschickt werden. Dieser Service ist allerdings kostenpflichtig (unter 1 Euro plus Porto pro Sendung).

Und sonst?

Bleibt die Wohnung während Ihrer Abwesenheit leer, engagieren Sie möglichst einen Helfer, der Blumen gießt, ab und an mal lüftet, im Winter die Heizung andreht, den Briefkasten entleert und überhaupt nach dem Rechten sieht. Ideal ist ein Nachbar, dem Sie vertrauen. Sollte doch mal ein Rohr platzen, ist er gleich zur Stelle. Natürlich sollten Sie ihm für den Notfall eine Telefonnummer hinterlassen.

Wer ins Ausland außerhalb der EU reist, braucht natürlich auch einen gültigen Pass. Obwohl eigentlich selbstverständlich, werden solche einfachen Dinge gern vergessen oder zu spät in Angriff genommen.

Im Ausland arbeiten?

Wer während der Auszeit arbeiten will (oder muss), kann sich in Deutschland an die Zentralstelle für Arbeitsvermittlung der Bundesagentur für

Arbeit (ZAV) wenden. Als Bürger eines EU-Landes genießen Sie in jedem anderen Mitgliedsland Freizügigkeit. Sie benötigen keine Arbeitserlaubnis und werden rechtlich den Arbeitnehmern Ihres Gastlandes gleichgestellt. Berater des europaweiten Netzes von Arbeitsvermittlungen (EURES) finden Sie in vielen Arbeitsagenturen und direkt bei der ZAV in Bonn (Adresse am Buchende). Auch über die Europa- und Auslands-Hotline der Bundesagentur für Arbeit erhalten Sie unter Telefon 0180/ 522 20 23 Information und Hilfe.

Achtung: Außerhalb Europas benötigen Sie eine Arbeitserlaubnis.

Besonders viele Jobs werden im Bereich Animation geboten. Wenn Sie die Stellenanzeigen verfolgen, finden Sie in der Vorsaison garantiert Angebote der großen Reiseveranstalter und Hotelketten. Je nachdem, wo Ihre Stärken liegen, können Sie in der Kinder-, Sport-, Musik-, Tanz- oder künstlerisch-kreativen Animation Arbeit finden.

Achtung: Stellen Sie sich diesen Job nicht als Zuckerschlecken vor. Lange Arbeitstage, ständige Verfügbarkeit, immer Menschen um sich herum, immer gut gelaunt sein müssen – das kann ganz schön schlauchen. Außerdem sind Animateure meist ziemlich jung, schon von daher eignet sich die Arbeit nicht für alle Aussteiger.

Tipp: Zunehmend verreisen Senioren und stellen ganz andere Anforderungen an Animation als junge Leute oder Familien. Hier sind auch die Älteren als Rundum-Betreuer gefragt.

Sportfreaks können sich auch für eine Saison als Tennis-, Surf-, Tauch- oder Skilehrer, Landeskundige als Reiseleiter oder Fremdenführer verdingen. Oder wie wäre es mit Weinlese in der Toskana? Zu fein darf man sich allerdings nicht sein, auch mal einfache Arbeiten auszuführen. Schließlich ist es nur für eine bestimmte Zeit, und schließlich wollen Sie ja etwas Neues kennen lernen.

Allein oder zu zweit oder zu …?

Ob allein oder als Paar oder gar als Familie – wie Sie Ihren Ausstieg erleben wollen, hängt von Ihren Wünschen ab. Wer ein Haus bauen will, kann die Hilfe des Partners sicher gut gebrauchen. Wenn Sie sich in sich selbst vertiefen und ein Buch schreiben wollen, stört Gesellschaft dagegen eher. Auf Reisen gibt es auch Für und Wider: Wer zu zweit reist, wird die viele freie Zeit mit dem Partner sicher sehr genießen, wenn beide in etwa die gleichen Vorstellungen vom Sabbatical haben. Die Partnerschaft kann sich festigen, verändern, reicher werden – sie kann aber auch an zu viel Nähe zerbrechen. Außerdem bekommt man als allein Reisender viel schneller Kontakt zu fremden Menschen, wenn man zum Beispiel jemanden zum Reden braucht. Außerdem können Sie ganz allein entscheiden, was Sie als Nächstes tun oder lassen wollen, und sind hin und wieder ganz auf sich allein gestellt. Ein Erfahrung, die Ihnen niemand mehr nehmen kann.

Solange Kinder klein sind und nicht zur Schule gehen, können Sie sie problemlos mit auf Reisen nehmen.

Tipp: Kindergeld bekommen Sie für die Kinder auch im Ausland.

Natürlich muss eine Reise mit Kindern anders organisiert werden als solo. Kinder brauchen einen halbwegs geregelten Tagesablauf, und bestimmte Unternehmungen und Strapazen, die Sie selbst gern auf sich nehmen würden, fallen mit Kindern flach.

Wer mit Schulkindern für längere Zeit ins Ausland reist, steht vor dem Problem, wo sie in der Zeit zur Schule gehen sollen. Eine praktische Möglichkeit sind Fernschulen. Informationen gibt es für Vorschüler und Kinder in der Grundschule (1. bis 4. Klasse) bei der „Deutschen Fernschule“ in Wetzlar und für alle Älteren im „Institut für Lernsysteme in Hamburg“ (Adressen und Kontaktdaten am Schluss des Buches). Außerdem können Sie sich bei der Zentralstelle für das Auslandschulwesen über deutsche Schulen im Ausland informieren sowie alle weiteren Fragen klären. Die Zentralstelle betreut und unterstützt in enger Abstimmung mit dem Auswärtigen Amt und den Bundesländern weltweit 117 Schulen im Ausland sowie weitere 370 von Deutschland geförderte schulische Einrichtungen sowie Deutsche Abteilungen an staatlichen Schulen. In der Regel wird dort kein oder kaum Schulgeld fällig. Wenn doch, gibt es immer die Möglichkeit, dass das Kind ein Stipendium bekommt. Schulische Leistungen und sogar das Abitur an deutschen Auslandsschulen werden zu Hause anerkannt.

Kontakte halten

Wer sich für ein Sabbatical entscheidet, will oftmals vor allem eins: Abstand vom Alltagstrott gewinnen. Wie Sie das am besten schaffen, ist ganz Ihnen und Ihren Wünschen überlassen. So verständlich und nützlich dieses Verlangen auch ist, sollten Sie dennoch eins nicht vollständig aus den Augen verlieren: Irgendwann ist auch die längste und schönste Auszeit zu Ende und es gilt, wieder im Arbeitsleben Fuß zu fassen. Denn nur die Allerwenigsten unter uns können es sich leisten, auf Dauer Sabbatical zu machen. Damit Sie nach der Rückkehr ins Berufsleben keine unangenehme Überraschung erleben – Ihre Abteilung gibt es zum Beispiel gar nicht mehr, weil sie im Zug von Umstrukturierungen wegrationalisiert wurde –, sollten Sie regelmäßig Kontakt zu Kollegen und Vorgesetzten halten und auch inhaltlich halbwegs auf dem Laufenden bleiben.

Tipp: Am besten machen Sie schon vor der Pause aus, wie dieser Kontakt gestaltet werden soll.

So ist es möglich, dass die Initiative nur von Ihnen ausgeht und Sie sich etwa einmal im Monat per Mail melden und über Neuigkeiten berichten bzw. solche abfragen. Sie können sich aber auch regelmäßig betriebliche Newsletter oder die Mitarbeiterzeitung zuschicken lassen und so informiert werden. Persönlicher sind regelmäßige Telefonate mit einem Kollegen Ihres Vertrauens. Dabei erhalten Sie auch die wichtigen „inoffiziellen" Informationen, die sich bei der Rückkehr bezahlt machen können.

Achtung: Sorgen Sie in jedem Fall dafür, dass Sie für den Notfall irgendwie erreichbar sind.

Es kann sich nämlich bezahlt machen, wenn Sie auch im fernsten Land dem Unternehmen mit Ihrem Know-how zur Verfügung stehen, falls es irgendwo klemmt. Und so unangenehm ist es schließlich auch nicht zu merken, dass man doch irgendwie ein bisschen unersetzlich ist ...

Neue berufliche Perspektiven entdecken

Wer nach dem Sabbatical wieder auf seinen alten Arbeitsplatz zurückkehren kann und das auch will – wunderbar. Vielleicht „fremdeln" Sie anfänglich etwas, weil das Leben in der Firma ja weitergegangen ist – ohne Sie. Vielleicht ist Ihre beste Kollegin befördert worden oder hat die Abteilung gewechselt, so dass Sie auf diesen gewohnten Kontakt verzichten müssen. Vielleicht begegnen Ihnen manche Kollegen skeptisch bis neidisch, weil Sie so lange „blau" gemacht haben. Vielleicht hat sich gar die Arbeitsaufgabe Ihrer Planstelle so verändert, dass Sie sich unter- oder überfordert fühlen oder einfach keine Lust darauf haben. Dann haben Sie zwei Möglichkeiten: zum einen, die Sache auszusitzen und zu hoffen, dass sich alles wieder einrenkt.

Tipp: Wenn Sie von Ihren Erlebnissen während des Sabbaticals erzählen und deutlich machen, wie Sie diese Erfahrungen beruflich nutzen können, dann fühlen Sie sich nach einer Übergangszeit vielleicht wieder so wohl wie vorher oder sogar besser.

Verändern innerhalb des eigenen Unternehmens

Die andere Möglichkeit: über Alternativen nachdenken. Diese können ebenso gut im Unternehmen liegen wie außerhalb. Wenn es interne Stellenausschreibungen gibt, schauen Sie sich diese doch mal unverbindlich an. Haben Sie während der Auszeit Dinge gelernt oder erfahren, die Sie jetzt gern beruflich anwenden würden? Dann kann Ihr künftiger Arbeitsplatz auch ganz anders aussehen als der alte. Oder Sie interessieren sich für einen längeren Auslandseinsatz für Ihr Unternehmen, wenn es Sie wieder in die Fremde zieht. Falls Sie eine berufliche Weiterbildung während des Sabbaticals absolviert haben, dann wollen und können Sie diese jetzt sicher anwenden. Damit steht auch einem Aufstieg nichts im Wege.

Falls Ihnen nicht oder nicht sofort wieder nach Vollzeitarbeit zumute ist, dann können Sie aus Ihrem starren 40-Stunden-Rhythmus ausbrechen und für eine bestimmte Frist Teilzeit arbeiten. Auch hier gibt es – abhängig vom Unternehmen – jede Menge Möglichkeiten. Kapitel 4 beschäftigt sich ausführlich mit diesem Thema. Auf alle Fälle steht Ihnen grundsätzlich das Recht auf Teilzeit zu. Zu den rechtlichen Hintergründen lesen Sie bitte das Kapitel 2.

Neue Felder entdecken

Schließlich besteht auch die Möglichkeit, die Fühler nach einer Arbeit in einem anderen Unternehmen auszustrecken. Ein Jobwechsel will allerdings gut geplant sein, da die Arbeit zurzeit ja nicht gerade auf der Straße liegt.

Achtung: Kündigen Sie nicht unüberlegt, weil Sie sich nach dem Sabbatical im alten Trott so gestresst fühlen.

Vielmehr gilt es, aus der Sicherheit der alten Arbeitsstelle heraus in Ruhe nachzudenken und sich gezielt zu bewerben.

Tipp: Denken Sie daran, Ihr Sabbatical als wichtige Lebenserfahrung in Ihren Lebenslauf aufzunehmen. Statt eine Lücke in Ihrer Vita zu riskieren, sollten Sie Ihre Auszeit offensiv als Gewinn für sich und das Unternehmen verkaufen. So haben Sie Risikobereitschaft, Anpassungsfähigkeit, Flexibilität und Ausdauer bewiesen.

Achtung: Nicht alle Personalverantwortlichen sehen das so. Legen Sie sich vor allem für Vorstellungsgespräche gute Argumente zurecht.

Gute Einstiegsmöglichkeiten bieten sich über Zeitarbeitfirmen. In Kapitel 7 wurde ausführlich darüber informiert. Der Vorteil: Wer sich noch nicht ganz sicher ist, wohin beruflich die Reise gehen soll, lernt hier unter Umständen verschiedene Branchen kennen. Auch Praktika erfüllen diesen Zweck – allerdings oft unbezahlt. Wenn überhaupt, sollten Sie schon während des Sabbaticals passende Praktika absolvieren und verschiedene potenzielle Arbeitgeber kennen lernen.

Tipp: Nicht selten ergeben sich aus solchen Episoden feste Arbeitsverhältnisse, so dass Sie nach Ende der Freizeit schon eine feste Zusage in der Tasche haben.

Alternative Selbstständigkeit

Natürlich können Sie während oder nach dem Sabbatical auch Ihre berufliche Selbstständigkeit vorbereiten, falls Ihre Wünsche in diese Richtung gehen. Zu den entscheidenden Vorteilen der Selbstständigkeit zählen die Unabhängigkeit und Selbstbestimmung sowohl über Arbeitszeit und Arbeitsaufwand als auch über das Einkommen.

Achtung: Allerdings bedeutet Selbstständigkeit in den ersten Jahren, dass häufig lange Arbeitszeiten und viel Arbeitsanfall mit wenig Einkommen belohnt werden.

Darüber muss sich der junge Unternehmer vor allem kraft seiner Persönlichkeit hinweghelfen! Denn das wichtigste Kapital jedes Unternehmens ist der Unternehmer selbst, zumindest in der Gründungsphase. Fehlen Motivation und Glaube an die unternehmerische Idee, können Durststrecken und Rückschläge schnell zum Konkurs führen. Daher kann die Selbstständigkeit zum Beispiel als Ausweg aus der Arbeitslosigkeit der falsche Weg sein.

Prüfen Sie selbst, ob Sie ein Unternehmertyp sind:

Bin ich ein Unternehmertyp?

- Beruflicher Hintergrund
  - Passt meine Berufserfahrung in die Branche, in der ich mich selbstständig machen will?
  - Habe ich schon Erfahrungen darin, Mitarbeiter zu führen?
  - Besitze ich neben fachlichen auch kaufmännische/betriebswirtschaftliche Kenntnisse, ohne die kein Unternehmen funktioniert?
  - Habe ich Erfahrungen im Vertrieb gesammelt?
- Risikobereitschaft
  - Bin ich bereit, anfangs 60 Stunden und mehr zu arbeiten?
  - Steht meine Familie hinter mir und meiner Selbstständigkeit?
  - Bin ich/ist meine Familie bereit, sich anfangs finanziell einzuschränken?
  - Will ich die (bisherige) Sicherheit eines Angestelltenverhältnisses aufgeben?
  - Kann ich noch ruhig schlafen, wenn ich an die Unsicherheiten der beruflichen Selbstständigkeit denke?

- Belastbarkeit
  - War ich in den letzten Jahren gesund und leistungsfähig?
  - Bin ich stressresistent?
  - Gehe ich Probleme offensiv an statt ihnen auszuweichen?
  - Bin ich in der Lage oder es gewohnt, mir selbst Ziele zu stecken und mich selbst zu motivieren?
- Finanzieller Hintergrund
  - Habe ich für bestimmte Investitionen ein finanzielles Polster, um nicht vollkommen auf Banken und andere Kapitalgeber angewiesen zu sein?
  - Kann mein Ehe- bzw. Lebenspartner mit einem regelmäßigen Einkommen für den Lebensunterhalt sorgen bzw. gibt es andere sichere Einkünfte?

Wichtig: Wer sich für die Selbstständigkeit entscheidet, sollte ausreichend Eigeninitiative und Enthusiasmus mitbringen. Zwar wird Hilfe und Unterstützung angeboten, wie die Existenzgründerseiten des BMWA (www.existenzgruender.de) sowie von den Industrie- und Handelskammern. Auch finanziell wird Jungunternehmern mit zinsgünstigen Krediten u.Ä. unter die Arme gegriffen. Dennoch muss viel Arbeit und Erfindungsgeist aufgewendet werden, um für sich persönlich die richtige Idee, den richtigen Weg, die richtige Beratung, die richtige Finanzierung, das richtige Konzept zu finden. Dazu ist ein sehr umfangreiches und differenziertes Wissen nötig, das sich jeder Gründer, auf seinen Einzelfall bezogen, persönlich und direkt vor Ort beschaffen muss. Persönliche Beratung tut daher in den meisten Fällen Not.

Selbstständigkeit in Teilzeit

Für den Beginn einer Unternehmerkarriere bietet sich oft der nebenberufliche Start in die Selbstständigkeit an. Sie müssen nicht sofort alles hinter sich abbrechen, sondern haben durch die hauptberufliche Einnahmequelle genügend Freiraum, um eine Geschäftsidee zu testen. Ein langsamer Übergang zur hauptberuflichen Selbstständigkeit ermöglicht zudem die Prüfung und Verfeinerung des Gründungskonzepts.

Tipp: Das Arbeitsrecht unterscheidet zwischen einem zweiten Arbeitsverhältnis (Nebenjob, siehe auch Kapitel 1) und einer selbstständigen Nebentätigkeit. Letztere zeichnet sich durch folgende Merkmale aus:

- Einsatz eigenen Kapitals,
- eigenes Unternehmer- und Haftungsrisiko,
- kein weisungsgebundenes Arbeiten
- keinerlei Urlaubs- oder Lohnfortzahlungsansprüche,
- keine Eingliederung in den Betrieb des/r Auftraggeber/s.

Aufgrund des Rechts der freien Berufswahl ist der nebenberuflich Selbstständige nicht verpflichtet, seinen Chef über die Selbstständigkeit zu informieren. Ebenso wenig darf der Vorgesetzte die Selbstständigkeit verbieten.

Achtung: Gibt es eine so genannte Nebentätigkeitsklausel im Arbeitsvertrag, ist dieser Grundsatz eingeschränkt.

Beispiel: „Nebenbeschäftigungen – auch unentgeltliche – dürfen nur nach Zustimmung des Arbeitgebers ausgeübt werden, es sei denn, die Interessen des Arbeitgebers werden durch diese Nebenbeschäftigung nicht berührt."

Ansonsten können Sie sich selbstständig machen, wenn Sie

- Ihrem Arbeitgeber damit keine Konkurrenz machen,
- Ihre Pflichten als Angestellter nicht vernachlässigen,
- Ihren vertraglich zugesicherten Erholungsurlaub nicht für die Nebenbeschäftigung verwenden und daher unausgeruht sind,
- nicht während einer Krankschreibung nebenberuflich tätig sind.

Tipp: Um nicht leichtfertig den Arbeitsplatz zu gefährden, ist es allerdings in den meisten Fällen ratsam, mit dem Vorgesetzten über die selbstständige Nebentätigkeit zu sprechen.

Vorsicht, Finanzamt: Einkommen aus selbstständiger Tätigkeit muss versteuert werden. Weist die selbstständige Nebentätigkeit dagegen fortlaufend Verluste aus, stuft die Behörde die Selbstständigkeit als Liebhaberei ein. Als Konsequenz können Sie die Kosten, die durch die Selbstständigkeit anfallen, nicht mehr als betriebliche Ausgaben absetzen.

Kurzfristige Verluste können Sie dagegen mit anderen Einnahmen (Gehalt, Zinsen, Mieten) verrechnen und so Steuern sparen.

So planen Sie Ihren Wiedereinstieg

Wie Sie beruflich Ihren Wiedereinstieg gestalten, haben wir im vorigen Abschnitt betrachtet. Für eine erfolgreiche Rückkehr ins Alltagsleben ist aber noch ein zweiter Gesichtspunkt entscheidend: dass Sie sich mental vorbereiten. Ebenso wie den Ausstieg sollten Sie daher auch den Einstieg sanft gestalten. Wer bis zum Schluss des Sabbaticals alle Gedanken an zu Hause oder das Unternehmen verdrängt, erlebt garantiert einen Schock, wenn es dann so weit ist.

Tipp: Daher sollten Sie einige Wochen vorher den Kontakt zu Kollegen, Familie und Freunde wieder intensivieren.

Schreiben Sie zum Beispiel Briefe an alle Ihre Lieben und legen Sie die ersten Fotos bei. Oder suchen Sie für jeden ein passendes Souvenir, mit dem Sie bei der Rückkehr symbolisieren: Ich habe an euch gedacht. Auch Zeitungen aus Deutschland sind fast überall zu haben, mit denen Sie sich allmählich wieder mit den Problemen der Heimat vertraut machen können. Dadurch befassen Sie sich automatisch wieder mit Ihrem „alten Leben“ und es kommt Ihnen bei der Rückkehr weniger absurd vor.

Sanfte Rückkehr bedeutet auch: nicht bis zum letzten Atemzug im Ausland bleiben oder sich ausschließlich mit der Sache beschäftigen, die während der letzten Monate die wichtigste war. Denn wer sich lange nicht oder weniger intensiv als sonst um die praktischen Dinge des Alltags gekümmert hat, steht vor einem Berg von Erledigungen. Für die sollten Sie mindestens ein, zwei Wochen Zeit einplanen, und zwar vor Ende der Freizeit. Dann können Sie in Ruhe Post und E-Mails anschauen, Anrufe erledigen, das Auto wieder anmelden usw.

Mit einem anderen Trick sorgen Sie dafür, dass Ihre Landung im Alltag gelingt: Verlängern Sie mit einer Party oder einem Picknick Ihre Urlaubsstimmung. Laden Sie Ihre Freunde ein, kochen Sie exotisch, führen Sie Kleidung vor, die Sie sich im Ausland gekauft haben, zeigen Sie

Ihre Fotos und erzählen Sie die vielen merkwürdigen Dinge, die Sie erlebt haben.

Tipp: Bewahren Sie die Veränderungen, die das Sabbatical bei Ihnen bewirkt hat, möglichst lange.

Sie haben vollkommen neue tänzerische Fähigkeiten und Leidenschaften an sich entdeckt? Dann suchen Sie sich eine Tanzschule und knüpfen da an, wo Sie aufgehört haben. Sie haben interessante Sammlerstücke mitgebracht? Dann suchen Sie eine Möglichkeit, sich mit anderen Leuten darüber auszutauschen. Sie haben während der letzten Monate kaum ferngesehen? Dann bleiben Sie dabei. Es gibt genug interessante Dinge, die man stattdessen machen kann, auch zu Hause. Die Sprache Ihres Gastlandes fasziniert Sie? Dann gehen Sie zur Volkshochschule oder zu einer privaten Sprachenschule und belegen Sie einen Kurs. Sie haben Ihre Ernährungs- und Bewegungsgewohnheiten umgestellt? Das zu Hause fortzuführen sollte kein Problem sein. Es kann helfen, sich die Vorhaben einmal aufzuschreiben, man verliert sie dann nicht so schnell aus den Augen.

Achtung: Der Versuch, das Leben radikal umzustellen, wird allerdings wahrscheinlich scheitern.

Je mehr Sie sich vornehmen, desto größer ist dann der Frust, wenn Sie keinen der guten Vorsätze durchhalten. Probieren Sie, sich auf ein, zwei Dinge zu konzentrieren, die Sie dann aber intensiv betreiben.

Wenn Sie sich nach Ihrer Rückkehr erst einmal benommen und traurig fühlen, sollte Sie das nicht beunruhigen: Es ist normal. Ebenso wie beim Ausstieg stehen Sie vor einem Neubeginn, mit allen dazugehörigen Ängsten. Zudem müssen Sie sich von der vielleicht schönsten Zeit Ihres Lebens lösen. Wer dabei nicht wehmütig wird, hat die freie Zeit wahrscheinlich nicht mit allen Sinnen genossen. Dazu kann kommen, dass Ihnen die frühere beste Freundin plötzlich oberflächlich vorkommt und Sie sich nichts mehr zu sagen haben. Auch Partnerschaften können nach Sabbaticals auseinander gehen – aber das tun sie ja auch im „normalen" Leben hin und wieder. So schmerzlich solche Erfahrungen sind, sie zeigen nur, dass Sie sich verändert haben, neue Ansprüche ans Leben stellen und nicht bereit sind, wieder genau dort weiterzumachen, wo Sie vor einem halben oder einem ganzen Jahr aufgehört haben. Freunde und Partner können damit überfordert sein, weil ihnen ein großes Stück Ihrer Erfahrung fehlt.

Tipp: Tricksen Sie die Fremdheit zum Partner ein wenig aus, indem Sie mit ihm oder ihr noch vor Ende des Sabbaticals ein paar Tage verreisen. Dort können Sie alle Ihre Erlebnisse, die jetzt noch ganz frisch sind, erzählen. Partner oder Partnerin fühlen sich dann nicht mehr ganz so ausgegrenzt.

Gegen den Blues hilft natürlich auch, ein wenig in Erinnerungen zu schwelgen. Lesen Sie Ihr Reisetagebuch, rufen Sie Leute an, die Sie unterwegs kennen gelernt haben, und lachen Sie noch mal gemeinsam über Ihre Erlebnisse. Oder jammern Sie sich gegenseitig etwas vor. Geteiltes Leid ist tatsächlich halb so schlimm. Gestalten Sie eine eigene Homepage mit Ihrem schönsten Foto oder gehen Sie im Internet auf Suche nach anderen ehemaligen Aussteigern. Sie werden merken, dass es fast allen anfänglich genauso schlecht ging wie Ihnen – und das die Trauer auch wieder nachlässt.

Achtung: Sollte auch nach langer Zeit keine Besserung Ihres seelischen Befindens eintreten, ist es durchaus möglich, dass Sie eine echte depressive Phase erleben. Dort kommen Sie unter Umständen ohne fremde Hilfe nicht wieder heraus. Ein Facharzt bzw. ein Psychotherapeut ist in diesem Fall der richtige Ansprechpartner. Zögern Sie nicht zu lange, denn je schneller Sie etwas gegen die Depression tun, desto besser sind Ihre Chancen, bald wieder optimistisch in die Zukunft zu sehen.

12. Bewilligen: So verhandeln Sie mit Ihrem Chef

Egal, ob Sie eine Teilzeitvariante in Anspruch nehmen, zu Hause in Telearbeit arbeiten, einen Bildungsurlaub machen wollen oder ein Sabbatical planen – um ein Gespräch mit Ihrem Vorgesetzten über Ihre Pläne, Ihre Gründe und Ihre genauen Vorstellungen kommen Sie nicht herum. Da Sie vielfach von Zustimmung abhängig sind und immer um Verständnis bemüht sein sollten, kommt diesem Gespräch bzw. diesen Gesprächen eine große Bedeutung zu. Es sei denn, Ihr Arbeitgeber bietet von sich aus flexible Arbeitszeiten an, dann wird Ihnen diese Aufgabe genommen.

Tipp: Um nicht den Eindruck zu erwecken, Sie würden aus einer Laune heraus handeln, immer rechtzeitig mit den Vorbereitungen beginnen.

Natürlich gibt es Ausnahmesituationen, die schnelle Entscheidungen erfordern. Etwa wenn ein Elternteil erkrankt oder pflegebedürftig wird und Sie aus diesem Grund Teilzeit arbeiten oder ganz pausieren müssen. Für diesen dringenden Fall werden Sie wahrscheinlich auf Verständnis stoßen, selbst wenn es ganz schnell gehen muss.

In allen anderen Fällen sollten Sie keinen Termindruck erzeugen. Fühlt sich Ihr Chef unter Druck gesetzt, bringt das bestimmt keine Vorteile für Sie. Zwar haben Sie einen Rechtsanspruch auf Teilzeit, dennoch geht auch das Teilzeit- und Befristungsgesetz von Einvernehmlichkeit bei entsprechenden Vereinbarungen aus. Regelungen sollen so getroffen werden, dass beide Seiten Nutzen daraus ziehen – Sie als Arbeitnehmer und das Unternehmen. Beim Sabbatical fehlt dieser Rechtsanspruch ganz. Ausnahme: Beamte. Ihnen steht ein selbstfinanziertes Sabbatical zu. In allen anderen Fällen greifen vertragliche Vereinbarungen, wenn es welche gibt.

Tipp: Fragen Sie beim Betriebsrat nach Regelungen in der Betriebsvereinbarung und schauen Sie in Ihren Arbeitsvertrag.

Falls in Ihrem Unternehmen Langzeitkonten üblich sind (siehe Kapitel 5), dann haben Sie schon relativ gute Karten. In der Personalabteilung erfahren Sie, wofür die angesparte Zeit genutzt werden kann. Üblich sind vor allem Vorruhestand und Sabbatical. Aber auch dann, wenn es keine ausdrücklichen Regelungen gibt, sollten Sie einen – gut geplanten – Versuch wagen.

Die Lage sondieren und Prioritäten setzen

Schon lange, bevor Sie mit irgendjemandem konkret über Ihr Vorhaben sprechen, können Sie in Gesprächen mit Kollegen und Vorgesetzten Ihre Interessen verdeutlichen. Machen Sie zum Beispiel darauf aufmerksam, dass Ihr Kind nächstes Jahr zur Schule kommt und Sie dann mehr Zeit für seine Unterstützung benötigen. Zeichnen sich schulische Probleme ab, die ebenfalls mütterlichen und väterlichen Rat erfordern, sollten Sie das in der Firma nicht verheimlichen. Auch den Wunsch, irgendwann mal eine Weltreise zu machen, ein Buch zu schreiben, Ihren Doktor zu machen oder ein Haus zu bauen, kann ruhig jeder kennen. Der Grund: Wird die Sache dann konkret, sind die lieben Kollegen und Vorgesetzten weniger erstaunt als ohne Vorbereitung.

Überlegen Sie, welche Stellung Sie im Unternehmen einnehmen. Sind Sie fachlich anerkannt und geschätzt? Verfügungen Sie über Spezial-Know-how, das für das Unternehmen wichtig ist? Dann wird Ihrem Wunsch auf Veränderung vielleicht deshalb zugestimmt, um Sie nicht ganz zu verlieren. Ist Ihr Stuhl dagegen schon wacklig, dann haben Sie weniger Verhandlungsmasse.

Verdeutlichen Sie sich genau Ihre Ziele, die Sie mit der Auszeit verbinden – kurz-, mittel- und langfristig. Am besten, Sie schreiben Sie über einen längeren Zeitraum hinweg auf. Nur so wird Ihnen selbst klar, wohin die Reise gehen soll. Zum anderen ist Zielsicherheit auch die Grundlage für überzeugende Argumente im bevorstehenden Gespräch.

Achtung: Ziele wie „Ich muss einfach mal Abstand vom Hamsterrad bekommen“ oder „Ich brauche Zeit, um mich beruflich neu zu orientieren“ werden aus verständlichen Gründen bei Ihrem Chef nicht gut ankommen.

Um Sie in wirksame Argumente umzufunktionieren, müssen Sie mit den Augen Ihres Chefs an die Sache herangehen: Auch er ist mehr an motivierten Mitarbeitern als an ausgebrannten interessiert. Also heißt Ihr Argument im ersten Fall: „Ich werde die freie Zeit nutzen, um ...“ Pläne für einen beruflichen Neuanfang sollten Sie dagegen ganz für sich behalten. Warum sollte Ihr Arbeitgeber einen Teilzeitvertrag mit Ihnen schließen oder Ihnen eine Auszeit geben, wenn Sie in absehbarer Zeit ohnehin den Job wechseln wollen?

Tipp: Ziele und Argumente immer positiv, konstruktiv formulieren. Nicht Ihre Probleme sind interessant für Ihren Chef, sondern die Art, wie Sie sie lösen wollen.

Nachdem diese Seite – Ihre Seite – klar ist, sollten Sie sich fragen, inwieweit Sie mit Kompromissen leben können. Denn: Ihr Arbeitgeber fällt Ihnen wahrscheinlich nicht um den Hals, wenn Sie Ihr Vorhaben erläutern. Schließlich muss er die Interessen der Firma vertreten, und die gehen unter Umständen in eine andere Richtung als Ihre. Unterscheiden Sie klar zwischen dem, was Ihnen wirklich wichtig ist, und Dingen, über die sich verhandeln lässt. Verhandlungsgegenstände können zum Beispiel sein:

- die genaue Lage der Arbeitszeit bei Teilzeitarbeit,
- Anwesenheitstage bei Telearbeit,
- der Beginn der Teilzeit- oder Telearbeit, falls es da Spielräume gibt,
- die Länge des Sabbaticals und der exakte Starttermin.

Worüber genau Sie verhandeln können, hängt natürlich von Ihrer Situation ab.

Tipp: Schreiben Sie auf, was unumstößlich und was verhandelbar ist. Beziehen Sie zu so vielen Punkten wie möglich vorher Position, damit Sie im Gespräch nicht überrascht werden.

Vielleicht fragen Sie gestandene Teilzeitarbeiter oder Aussteiger aus Ihrem Unternehmen, welche Tipps sie Ihnen auf den Weg geben können. Warum nicht aus den Fehlern anderer lernen?

Bereiten Sie ein Konzept vor

Jetzt geht die Vorbereitung in die heiße Phase. Bevor Sie sich endgültig outen, sollten Sie ein Konzept entwickeln, wie Ihre Abwesenheit oder die Veränderungen in Ihrem Arbeitsrhythmus vom Unternehmen gut verkraftet werden. Wer kann Sie vertreten? Wer kann welchen Teil Ihrer Arbeit mit übernehmen? Sind Sie auch an Ihren freien Tagen oder während des Sabbaticals bereit, für schwierige Fragen zur Verfügung zu stehen?

Achtung: Wenn in Ihrem Arbeitsumfeld keine besonders kollegiale Stimmung herrscht, dann ist hier Vorsicht geboten. Der Chef sollte nicht durch einen neidischen Kollegen von Ihrem Vorhaben erfahren, sondern zuerst von Ihnen.

Ansonsten können Sie Kollegen einweihen und sich ihrer Unterstützung versichern. Das ist wichtig, denn schließlich tragen die Kollegen einen Teil Ihres Ausstiegs mit. Insgesamt sollten Sie eine Lösung anbieten, die Ihr Unternehmen auch akzeptieren kann. Wenn Sie beispielsweise gerade in der Hauptgeschäftszeit Ihres Unternehmens ein Viertel Jahr pausieren wollen, ist das nicht gerade klug. Wählen Sie dagegen eine Zeit, in der gewöhnlich Flaute herrscht oder die Geschäfte ruhiger laufen, kommen Sie den Arbeitgeberinteressen entgegen.

Nutzen für das Unternehmen herausarbeiten

Ein gutes Gespräch will inhaltlich vorbereitet sein. Bauen Sie ein Gerüst aus vier, fünf stichhaltigen Argumenten auf, an das Sie sich halten können.

Tipp: Überlegen Sie am besten vorher, welche Einwände es von Seiten des Chefs geben könnte, und bereiten Sie vor, wie Sie sie entkräften können.

Insgesamt sollten Ihre Argumente vor allem den Nutzen für das Unternehmen herausstellen. Bei einer geplanten Weiterbildung liegt er nahe, bei einer Weltreise weniger. Aber auch hier ist einiges herauszuholen:

Sie vervollkommnen eine Sprache, Sie können eine ausländische Niederlassung der Firma oder gute Kunden besuchen oder Kontakt zu einem potenziellen Kunden herstellen. Natürlich zieht das Unternehmen auch Nutzen daraus, dass Sie durch die freie Zeit – egal ob freie Stunden, Tage oder Wochen – zufriedener, ausgeglichener und motivierter arbeiten werden. Falls es in Ihrem Unternehmen positive Beispiele dafür gibt, ziehen Sie sie ruhig hinzu.

Achtung: Kein Gejammer über zu viel Arbeit und schlecht bezahlten Job! Machen Sie unbedingt deutlich, dass Sie gern arbeiten und Ihr Ausstieg keine Flucht vor Job und Kollegen bedeutet, sondern nur eine kreative Pause.

Bei aller nüchternen Argumentation sollten Sie in der Sache überzeugend und begeistert auftreten.

Tipp: Die Art, wie Sie Ihre Argumente vorbringen, ist mindestens genauso wichtig wie die Argumente selbst.

Sehen Sie in Ihrem Chef einen Menschen, der vielleicht ähnlich wie Sie empfindet und gern selbst etwas kürzer treten möchte. Sprechen Sie daher auch seine emotionale Seite an und versuchen Sie, so weit es geht Übereinstimmungen mit ihm herzustellen, etwa wie „Sie stimmen mir doch sicher zu, dass ...“ oder „Auch ich habe ein Interesse daran, dass ...“ Gemeinsamkeiten, die einmal festgestellt wurden, helfen eventuelle Differenzen besser zu bewältigen bzw. Kompromisse zu finden.

Treten Sie selbstbewusst, aber freundlich und gewinnend auf.

Tipp: Untermauern Sie Ihre innere Beteiligung mit Mimik und Gestik.

Verschränkte Arme signalisieren beispielsweise innere Abwehr, während geöffnete Hände die Verbindung zum Partner suchen. Direkter Blickkontakt mit einem kleinen Lächeln zeigt, dass Sie nichts zu verbergen haben und offen für alles sind. Das sind gewiss Kleinigkeiten, können aber im Zweifel dafür sorgen, dass die Waage zu Ihren Gunsten ausschlägt.

Der richtige Zeitpunkt für ein Gespräch

Bei der Wahl des Zeitpunktes können Sie Fingerspitzengefühl beweisen. Richten Sie sich ein wenig nach den Gewohnheiten Ihres Chefs, wenn Sie die Sekretärin nach einem Wunschtermin fragt. Liest er morgens um 9 Uhr seine Zeitung? Dann sollten Sie ihn dabei nicht stören. Hat er montags eine schwierige geschäftliche Besprechung mit der Firmenleitung? Dann hat er wahrscheinlich an diesem Tag keinen Nerv für Ihr Anliegen. Auch der Biorhythmus jedes Menschen beeinflusst seine Konzentrationsfähigkeit: Zwischen neun und zehn Uhr ist sie in Höchstform. In dieser Zeit laufen schwierige Gespräche gut. Nach dem Mittag hat fast jeder einen Hänger und will am liebsten in Ruhe gelassen werden. Die zweite Hochphase ist gegen 16 Uhr.

Achtung: Bitten Sie offiziell um einen Termin bei Ihrem Vorgesetzten und fangen Sie ihn nicht auf dem Flur ab. Schließlich geht es nicht um eine Kleinigkeit.

Fallen Sie zu Beginn des Gesprächs möglichst nicht gleich mit der Tür ins Haus. Ein wenig Small Talk hat bisher keiner Verhandlung geschadet. Antworten Sie auf routinemäßige Fragen wie nach dem Befinden mit einem netten, unverbindlichen Satz. Berichten Sie beispielsweise ganz kurz, aber mit Engagement über Ihre neueste Arbeitsaufgabe. Der Chef hört es sicher gern, dass Sie mit Eifer bei der Arbeit sind. Danach bringen Sie Ihr Anliegen vor: konstruktiv, positiv und auf den Punkt gebracht.

Wie gehen Sie mit Zurückweisung um?

Oberstes Prinzip: sachlich bleiben. Versuchen Sie auch bei unsachlich geäußerten Einwänden, nicht persönlich betroffen zu sein. Einwände werden oft als etwas Negatives betrachtet, die die Autorität des Vortragenden untergraben und die Argumentation zerstören. Das stimmt aber nicht, ausgenommen die seltenen taktischen Einwände, die tatsächlich als Waffe darauf gerichtet sind, Sie aus dem Konzept zu bringen. Gegen unsachliche Einwände dürfen Sie sich wehren.

Achtung: Bitte nur den Einwand bekämpfen, nicht die Person! Verkneifen Sie sich ein wütendes „Das ist doch kompletter Blödsinn!“ und sagen Sie stattdessen ruhig „Ich glaube, da muss ich Sie jetzt korrigieren“ oder „Ich glaube, da haben Sie mich nicht ganz richtig verstanden.“

Alle sachbezogenen Einwände begreifen Sie bitte als Chance für sich und nutzen Sie auch so: Ihr Partner hat Ihnen zugehört, aber er ist noch nicht restlos überzeugt. Freuen Sie sich über sein Interesse und danken Sie ihm für die Anregung. Denken Sie daran: In jedem ernst gemeinten Einwand steckt eine Frage, die Bitte um eine Verständnishilfe.

Tipp: Filtern Sie diese heraus und ignorieren Sie eventuell emotional gefärbte Formulierungen einfach.

Indem Sie sachlich antworten, verhindern Sie, dass das gesamte Gespräch unnötig angeheizt und so der Widerspruch weiter forciert wird.

So gehen Sie bei sachbezogenen Einwänden vor

1. Hören Sie genau und bis zum Ende zu, ohne Ihren Chef zu unterbrechen.
2. Fassen Sie bei ausschweifenden Einwänden den Kern mit eigenen Worten zusammen und vergewissern Sie sich, ob Sie ihn richtig verstanden haben.
3. Akzeptieren Sie den Einwand, indem Sie sagen: „Stimmt, darüber sollten wir noch sprechen“ oder: „Das ist ein interessanter (wichtiger) Gedanke.“ Sie geben damit eine Nachricht, dass Sie die Äußerung ernst nehmen, nicht, dass Sie ihr zustimmen.
4. Gegenfragen stellen Sie nur in Ausnahmesituationen, etwa um Zeit zu gewinnen oder zunächst die Argumente des Partners zu hören.
5. Stimmen Sie bedingt oder einem Aspekt zu (wenn Sie können) und legen Sie zugleich Ihren Standpunkt dazu dar.
6. Wiegen Sie den Nachteil, der durch den Einwand genannt wurde, durch Vorteile Ihres Vorschlags auf. Ziel ist zu zeigen, dass die Vorteile offensichtlich überwiegen.
7. Lösen Sie den Einwand durch Erfahrungen Dritter auf.

8. Verschieben Sie die Beantwortung des Einwandes auf später: „Haben Sie bitte einen Moment Geduld. Ich komme gleich darauf zu sprechen."
9. Klammern Sie den Einwand aus, wenn er nicht zum Thema passt oder den Rahmen sprengt.
10. Beziehen Sie andere Zuhörer ein, falls noch eine andere Person anwesend ist: „Bevor ich mich äußere, würde mich die Meinung von Herrn X dazu interessieren."
11. Starten Sie notfalls ein Ablenkungsmanöver: „Dieser Gedanke ist sehr interessant. Er führt uns direkt zum nächsten Punkt."

Emotionale Ausrutscher und Anfeindungen versuchen Sie grundsätzlich zu überhören. Wenn Sie antworten, dann so, dass der Partner sein Gesicht wahren kann.

Tipp: Auch wenn es Kraft kostet, zeigen Sie Verständnis und versuchen Sie, den Grund für die Feindseligkeit zu ergründen.

Fragen Sie nach: „Herr Meier, was bringt Sie dazu, so kritisch (wütend, ungehalten) darüber zu urteilen?" Das nimmt meistens schon einen Teil des Windes aus den Segeln, denn jetzt ist es an ihm, seine Reaktion zu erklären. Reden Sie über eigene Befindlichkeiten: „Herr Meier, ich fühle mich durch Ihre Äußerung persönlich betroffen. Wollen wir nicht versuchen, die Sache friedlich zu klären?" Die meisten Menschen werden jetzt einlenken, denn sie wollten eigentlich nicht Sie beleidigen, sondern ihren eigenen Gefühlen (Angst, Unsicherheit, Überforderung) Ausdruck verleihen. Werfen Sie also immer Rettungsanker, an denen der Partner festmachen und umkehren kann.

Einen Vertrag abschließen

Wer sich mit seinem Arbeitgeber auf Teilzeitarbeit, Job-Sharing, Telearbeit u.Ä. einigt, bekommt wahrscheinlich einen standardmäßigen Arbeitsvertrag oder Zusatz zum alten Arbeitsvertrag. Trotzdem sollten Sie genau prüfen, ob alle wichtigen Details darin geklärt sind. Sie brauchen den Vertrag nicht sofort unterschreiben, wenn er Ihnen vorgelegt wird. Nehmen Sie sich unbedingt die Zeit, ihn in Ruhe durchzulesen, Ihrem Partner oder Freunden zu zeigen. Vier oder sechs Augen sehen mehr als zwei.

Tipp: Fragen Sie im Zweifel Ihren Betriebsrat, ob mit dem Vertrag rechtlich alles in Ordnung ist.

Vor allem sollten Ihre Arbeitsaufgabe genau beschrieben, die Lage der Arbeitszeit festgelegt, eine Überstunden-Regelung enthalten und die Möglichkeit der Rückkehr in das vorhergehende „normale" Arbeitsverhältnis festgehalten werden.

Zahlreiche Muster-Arbeitsverträge bietet zum Beispiel der Haufe-Verlag mit seinem „Vertragshandbuch Arbeitsrecht", in dem viele verschiedene Varianten von Teilzeitverträgen aufgeführt sind. Hieran können Sie sich im Groben orientieren.

Auch beim Sabbatical muss ein Ergänzungsvertrag oder eine befristete Zusatzvereinbarung zwischen Ihnen und dem Arbeitgeber geschlossen werden. Günstig ist es, wenn bereits eine Betriebsvereinbarung über Langzeitkonten und Sabbaticals existiert, auf die im Vertrag Bezug genommen werden kann. Dann haben Sie ein hohes Maß an Rechtssicherheit. Wenn Sie im Rahmen von Langzeitkonten ein Sabbatical ansparen, dann besteht der Vertrag immer aus zwei Seiten: der Anspar- und der Urlaubsphase. Aus dem Vertrag muss deutlich die Laufzeit hervorgehen, die vertragliche Arbeitszeit, das Arbeitsentgelt, das Ihnen für die gesamte Dauer des Vertrages – also auch für die Urlaubsphase – zusteht und die Rückkehr an den alten bzw. einen alternativen Arbeitsplatz im Unternehmen. Auch die Weiterzahlung von vermögenswirksamen Leistungen oder Arbeitgeberleistungen in die Betriebsrente sollten festgehalten werden.

Tipp: Auch hier kann es nicht schaden, sich mit Rechtskundigen zu besprechen, beispielsweise mit dem Betriebsrat.

Achtung: Es gibt Sabbatical-Programme, die deutlich von dem oben beschriebenen Teilzeit- und Kontenmodell abweichen.

So kann es sein, dass Ihnen der Arbeitgeber einen bestimmten Prozentsatz an Ausgleichszahlungen für die Dauer Ihrer Abwesenheit zahlt. Das hört sich zwar gut an, kann aber bedeuten, dass diese Summe im Fall Ihrer Kündigung innerhalb eines bestimmten Zeitraums nach der Rückkehr zurückgezahlt werden muss.

Das Ziel ist klar: die Firma will Mitarbeiter zum Bleiben bewegen, nachdem sie investiert hat. Für Sie kann es zum Klotz am Bein werden, wenn Sie nach beruflichen Alternativen suchen. Auch Rückrufoptionen, die sich das Unternehmen vorbehält, sind möglich. In diesem Fall kann Ihr Sabbatical auf Betreiben des Arbeitgebers vorzeitig beendet werden.

13. Bezahlen: Finanzen und Versicherungen während der Pause

Sie können es drehen und wenden, wie Sie wollen: wahrscheinlich müssen Sie während Ihres befristeten Ausstiegs mit weniger Geld als sonst auskommen. Extrem knapp kann es bei einem längeren unbezahlten Urlaub werden. Den können sich eigentlich nur gut Betuchte leisten. Oder diejenigen, die vorher Geld angespart haben. Besser läuft es, wenn – wie im Falle von Teilzeit und Sabbatical auf Teilzeitbasis – das Gehalt weiter gezahlt wird, wenn auch reduziert. Dennoch kann zusätzlicher Geldbedarf entstehen. Hier einige vernünftige Möglichkeiten, ihn kurzfristig zu decken.

Vorhandenes Vermögen flüssig machen

Grundsätzlich sollte gelten: Alles, was Sie zur Altersvorsorge auf die hohe Kante gelegt bzw. in eine Lebensversicherung investiert haben, sollte besser unangetastet bleiben.

Eine Lebensversicherung zu kündigen bringt ohnehin nur Nachteile, da Sie in den ersten Jahren kaum das eingezahlte Geld herausbekommen. Der Grund: Versicherer ziehen die gesamten Abschluss- und Provisionskosten in der ersten Zeit von Ihrem Guthaben ab. Erst zum Schluss der vereinbarten Laufzeit ist mit einer gewissen Rendite zu rechnen.

Tipp: Alternative zur Kündigung: Nehmen Sie einen Kredit auf den Versicherungsvertrag auf, Policen-Darlehen genannt.

Sie zahlen dann trotz Beleihung weiter Ihre Beiträge, können sich aber aus dem bereits vorhandenen Deckungskapital bedienen. Die Zinsen, die für die Beleihung berechnet werden, liegen meist unter denen für Ratenkredite. Zurzeit beträgt er etwa 8 Prozent. In der Regel zahlen die Versicherer Beträge bis zur Höhe des garantierten Rückkaufswertes oder des so genannten Beleihungswertes (Rückkaufwert plus Überschussanteile) aus. Die Vorauszahlung wird später mit der Ablaufleistung verrechnet, d.h. um die ausbezahlte Summe gekürzt. Allerdings kann das Policen-Darlehen auch jederzeit ohne Einhaltung einer Frist ganz oder teilweise getilgt werden.

Auch sonst haben Sie unter Umständen stille Geld-Reserven, die Sie ohne größeres Risiko für sich nutzbar machen können. Die Suche wird dadurch erleichtert, dass viele Anlagen, Immobilien oder Bausparverträge – ähnlich wie Lebensversicherungen – angegriffen werden können, ohne dafür Strafzinsen zahlen zu müssen. Selbst Sparformen, die vor Ende der Laufzeit eigentlich nicht verfügbar sind, wie Festgeld oder Sparbriefe, können gegen geringe Kosten beliehen werden.

Tipp: Fragen Sie den Anlageberater Ihrer Bank oder den Versicherungsvertreter, was es kostet, Erspartes wieder flüssig zu machen. Hier ein kurzer Überblick, welche Möglichkeiten Leute auf Geldsuche haben:

- Sparbuch mit dreimonatiger Kündigungsfrist: Diese Rücklagen anzugreifen, ist immer billiger als einen Bankkredit aufzunehmen. Sie dürfen 2.000 Euro innerhalb von 30 Zinstagen kostenfrei vom Sparbuch abheben. Ist die Summe höher, müssen Sie den Betrag drei Monate vorher kündigen, sonst berechnet Ihnen die Bank so genannte Vorschusszinsen. Ihre Höhe ist jedoch auf ein Viertel des Habenzinses begrenzt – bei 2,5 Prozent Habenzinsen macht dies bei vorzeitiger Kündigung jährlich 0,625 Prozent Vorschusszinsen aus. Die Vorschusszinsen werden nur für den Zeitraum der Kündigungsfrist, also für drei Monate, erhoben. Beispiel: Heben Sie vom Sparbuch unangemeldet 5.000 Euro ab, zahlen Sie für 3.000 Euro drei Monate lang Vorschusszinsen, das sind 4,69 Euro. Würden die 5.000 Euro ein Jahr auf dem Sparbuch liegen, bekämen Sie in dieser Zeit bei 2,5 Prozent Guthabenzinsen 125 Euro gutgeschrieben. Die sind natürlich weg, wenn Sie das Guthaben auflösen. Addieren Sie die 125 Euro plus die 4,69 Euro Vorschusszinsen, sind Sie bei rund 130 Euro – das macht insgesamt einen Kreditzinssatz von knapp 3 Prozent.

Tipp: Vergleichen Sie dies nun mit den Bedingungen für Dispo- (11 bis 14 Prozent) oder Ratenkredit (bis zu 14 Prozent), so wird der Vorteil offenbar, das Sparbuch aufzulösen.

- Sparbuch mit vereinbarter Kündigungsfrist: Nicht ganz so günstig ist es, wenn Sie Geld zu höheren Zinsen auf einem Sparbuch mit vereinbarter Kündigungsfrist angelegt haben, bei dem häufig ein Jahr Kündigungsfrist festgelegt ist.

Achtung: Hier müssen Sie für die gesamte Summe, die Sie abheben wollen, Vorschusszinsen zahlen.

In der Regel ist das aber immer noch ein gutes Geschäft gegenüber einem langfristigen Dispo- oder Ratenkredit.

- Sparbriefe kündigen: Bei Sparbriefen kommen Sie vor der Zeit nur dann an Ihr Geld, wenn Sie sich in einer echten wirtschaftlichen Notlage befinden, die Sie der Bank nachweisen müssen.
- Sparbriefe beleihen: Günstiger ist es, den Sparbrief nicht zu kündigen, sondern nur zu beleihen. Sie können ebenso über das Geld verfügen. Allerdings verlangen die Banken für einen solchen Wertpapierkredit Sollzinsen. Sie liegen in der Regel ein bis zwei Prozent über den Habenzinsen des Briefes. Übrigens können Sie ebenso wie Ihren Sparbrief auch Ihr Festgeldkonto beleihen.
- Festverzinsliche Wertpapiere: Wer festverzinsliche Wertpapiere flüssig machen will, hat es besser. Er kann die meisten Sorten jederzeit über die Börse verkaufen. Ob sich ein solcher Verkauf jedoch lohnt, sollte vorher mit dem Anlageberater durchgerechnet werden. Zum einen gehen Ihnen die Guthabenzinsen verloren. Zum anderen könnten Sie dadurch echte Verluste haben, wenn der aktuelle Kurs beim Verkauf niedriger ist als zum Zeitpunkt, als Sie die Papiere gekauft haben. Es sind aber auch Kursgewinne möglich.

Tipp: Als Faustregel gilt: in Niedrigzinsphasen lohnt der vorzeitige Verkauf, in Hochzinsphasen nicht. In diesem Fall ist es günstiger, Ihr Wertpapier-Depot zu beleihen.

- Investmentanteile: Wird kurzfristig Geld gebraucht, lassen sich auch Investmentfonds schnell zu Geld machen, da Fondsgesellschaften ihre Anteilscheine zum aktuellen Tageswert zurücknehmen müssen (außer geschlossene Immobilienfonds). Ob sich das für Sie lohnt, hängt von der Wertentwicklung des Fonds seit Ihrem Kauf ab.

Auch hier die Alternative: Beleihen Sie Ihre Fondsanteile. 80 Prozent gibt es für ein Depot, das Anteile deutscher oder internationaler Renten- oder Immobilienfonds enthält, maximal 60 Prozent bei Anteilen von gemischten und bei Aktienfonds.

- Aktien: Wer Aktien hat, kann diese ebenfalls problemlos zu Bargeld machen. Sie können über die Börse verkauft, aber auch beliehen werden.

Tipp: Eine Beleihung ist vor allem dann sinnvoll, wenn die Aktien im Begriff sind, im Kurs zu steigen. Oder wenn sie stark fallen. In beiden Fällen wäre ein Verkauf mit zu großen Einbußen verbunden.

Die Bank wird Ihnen keinen hundertprozentigen Gegenwert in bar gewähren. Faustregel: Für inländische Aktien gibt es 50 bis 60 Prozent des aktuellen Kurswertes als Beleihungswert. Bei einem international gemischten Depot sind die Banken aufgrund von Währungs- und Bonitätsrisiken vorsichtiger: Zudem sind die Zinskonditionen von Bank zu Bank unterschiedlich. Es gilt: Je größer Ihr Depot, desto bessere Chancen haben Sie bei der Verhandlung mit Ihrer Bank.

- Bausparvertrag: Auch angespartes Guthaben Ihres Bausparvertrages können Sie beleihen, um in einer Notlage an Geld zu kommen.

In bestimmten Fällen gilt eine siebenjährige Sperrfrist, nämlich dann, wenn Sie staatliche Vergünstigungen für den Vertrag in Anspruch nehmen, wie die Arbeitnehmersparzulage oder Wohnungsbauprämie.

Achtung: Innerhalb dieser Frist darf das Geld nur für wohnwirtschaftliche Zwecke (Hausneubau, Modernisierung, Ausbau, Kauf eines Hauses oder einer Wohnung u.Ä.) verwendet werden, sonst entfallen alle Zulagen, und zwar rückwirkend für die gesamte Vertrags-Laufzeit.

Die Beleihung des Bausparvertrages lohnt daher in aller Regel nur, wenn die siebenjährige Sperrfrist abgelaufen ist. Haben Sie für Ihren Bausparvertrag keine staatlichen Vergünstigungen in Anspruch genommen oder besteht der Vertrag schon länger als sieben Jahre, gehen auch keine Prämienvorteile verloren.

Tipp: Dann können Sie sich als Bausparer Ihr angespartes Kapital auch zurückleihen, um damit Ihren Ausstieg zu finanzieren.

- Edelmetall: Gold, Silber oder Platin sind riskante Geldanlagen. Gold bringt keine Zinsen, ist zumeist kein offizielles Zahlungsmittel. Trotzdem ist die Bank die richtige Adresse für den Verkauf. Vorher sollten Sie die Ankaufskurse mehrerer Banken vergleichen. Münzen bringen übrigens mehr als Barren.

Tipp: Seltene Münzen bringen bei Sammlern mehr ein als bei der Bank.

Einen Kredit aufnehmen

Wenn Sie auf diese Weise nicht genügend Geld zusammenbekommen, können Sie natürlich auch einen Kredit bei der Bank aufnehmen.

Achtung: Gehen Sie immer direkt zur Bank und lassen Sie sich niemals von einem Dritten einen Kredit aufschwatzen. Da der auch an dem Geschäft mitverdienen will, wird der Kredit in jedem Fall teurer als bei einer günstigen Bank.

Die einfachste Möglichkeit, kurzfristig über einen bestimmten Betrag zu verfügen, ist der Dispo-Kredit Ihres Girokontos.

Achtung: Verbraucherschützer warnen allerdings vor dem sorglosen Umgang mit dem Überziehungskredit. Der Jahreszins ist deutlich höher als bei jedem Ratenkredit. Er wird auch nur bis zur Höhe von etwa drei Monatsgehältern eingeräumt.

Allerdings fällt keine Bearbeitungsgebühr an und der Zins sinkt in dem Maße, wie die Kredithöhe – etwa durch eingehendes Gehalt – abnimmt.

Reicht der Dispo-Rahmen nicht aus und Sie überziehen ihn, wird es deutlich teurer. Die Bank duldet zwar kurzfristig die weitere Überziehung, verlangt aber für den entsprechenden Zeitraum um die 4 Prozentpunkte zusätzlich. Stabilisiert sich die Ausgabensituation nicht kurzfristig, wird der Kunde bald mit einem Mahnschreiben bedacht und gebeten, die Dispo-Überziehung schleunigst auszugleichen oder sofort mit dem Kundenberater zu sprechen. Diese eindringliche Bitte kostet wiederum eine Bearbeitungsgebühr.

Achtung: Wer den eingeräumten Kreditrahmen sehr oft überzieht, spielt mit der Gefahr, seinen Dispo ganz zu verlieren.

Damit es nicht so weit kommt, sollten Sie sofort einen Berater Ihrer Bank konsultieren, wenn sich zusätzlicher Finanzbedarf anmeldet. Bei lang anhaltender Ebbe in der Kasse wird er einen Ratenkredit empfehlen.

Das unterscheidet den Ratenkredit vom Überziehungskredit

Der Ratenkredit ...

- muss von der Bank gewährt werden,
- ist in festen, vereinbarten Raten zurückzuzahlen (meist monatlich),
- ist nur mit schriftlichem Vertrag gültig,
- ist zweckgebunden,
- beziffert einen festen Betrag (meist 5.000 bis 25.000 Euro),
- hat eine feste Laufzeit (meist 1 bis 6 Jahre),
- kostet neben Zinsen eine einmalige Bearbeitungsgebühr (meist 2 Prozent der gesamten Kreditsumme).

Generell gilt für Ratenkredite: Vorteilhaft ist die überschaubare Laufzeit und – dank gleich bleibender Monatsraten – gute Kalkulierbarkeit.

Warnung: Nachteilig ist, dass Ratenkredite teuer sind – der effektive Zinssatz lag Mitte 2004 bei bis zu 14 Prozent.

Von den verschiedenen Arten von Ratenkrediten kommt für Sie wahrscheinlich das so genannte Anschaffungsdarlehen in Betracht, der ab einer Summe von 1.500 Euro gewährt wird. Unterschied zum Kleinkredit: Ihre finanzielle Situation wird gründlicher durchleuchtet, oft eine Schufa-Selbstauskunft und Sicherheiten verlangt. Auch die Laufzeiten sind länger. Dadurch wird der Kredit aber auch teurer.

Achtung: Bei Ratenkrediten geben Banken gern den monatlichen Zins an, weil der so schön niedrig aussieht. Dies ist jedoch ein fataler Irrtum, zumal beim Monatszins die Bearbeitungsgebühr noch nicht berücksichtigt ist und Ratenkredite zumeist über mindestens ein Jahr laufen.

Tipp: Daher ist auch beim Ratenkredit der effektive Jahreszins das Maß der Dinge, um den Preis zu beurteilen. Faustregel: Je niedriger der effektive Jahreszins, desto günstiger das Darlehen.

Was ist der effektive Jahreszins?

Zins, den Sie pro Jahr tatsächlich für Ihr Darlehen bezahlen müssen, da er nicht von dem reinen Darlehensbetrag ausgeht (Nominalzins), sondern Nebenkosten wie Bearbeitungsgebühren und Provisionen mit berücksichtigt.

In der Regel können Sie bei Ratenkrediten problemlos Sondertilgungen vornehmen. Das sollte im Ratenkreditvertrag vermerkt sein. Wenn Sie Ihre Schuld vorzeitig ganz oder teilweise begleichen, sollte Ihnen die Bank die Bearbeitungsgebühr und die Zinsen anteilig verrechnen.

Bei den Ausgaben sparen

Beim ersten Mal tut's noch weh. Das stimmt nicht nur bei bestimmten zwischenmenschlichen Problemen, sondern auch bei Ihrem ersten Kassensturz. Wer sich gegen seinen inneren Schweinehund dazu durchringt, regelmäßig mit einem so genannten Haushaltsbuch zu arbeiten, wird den relativ kleinen Aufwand gern hinnehmen. Haushaltsbücher sind tabellarisch gegliederte Hefte zum Erfassen der Haushaltseinnahmen und -ausgaben mit Buchführungsanleitung und Planungsbogen.

Tipp: Sie erhalten es kostenlos bei Ihrer Sparkasse oder für 4,80 Euro bei der Verbraucherzentrale (z.B. www.vz-nrw.de, Link zu Ratgeber und Finanzdienstleistungen).

Natürlich können Sie auch an anderer Stelle im Internet entsprechende Dokumente herunterladen oder sich selbst ein Haushaltsbuch anlegen.

Mit solchen Haushalts-Planern behalten Sie den Überblick und sehen, welche Ausgaben noch machbar sind und welche nicht. Spätestens nach drei Monaten wissen Sie mit relativ geringem täglichem Zeitaufwand ziemlich genau, wo das Geld geblieben ist. Nur so ergeben sich konkrete Einsparpotenziale. Entsprechend sollten Sie die einzelnen Posten auch möglichst detailliert auflisten: „Lebensmittel" als Posten sagt sicherlich relativ wenig aus.

So einfach führen Sie Ihr Haushaltsbuch

- Zu Beginn alle monatlichen Einnahmen auflisten (Gehalt, Kindergeld, Unterhalt, Zinsen usw.).
- Jährliche feste Einnahmen wie Weihnachts- und Urlaubsgeld durch 12 teilen und jedem Monat einen Anteil zurechnen.
- Dann alle festen (fixen) monatlichen Ausgaben eintragen (Miete, Rundfunk, Wasser, Strom, ...).
- An Rücklagen für bestimmte Situationen denken.
- Nun alle festen viertel-, halb- oder ganzjährlichen Ausgaben ermitteln (Urlaub, Geburtstage, Energie- und Müllkosten, Versicherungsbeiträge) und anteilig bei den festen monatlichen Ausgaben mit eintragen.
- Differenz aus Einnahmen und Ausgaben bleibt verfügbares Geld für den Monat.
- Geteilt durch 4 ergibt in etwa das Haushaltsgeld für eine Woche.
- Eintragen täglicher Ausgaben in vorbereitete Wochentabelle.
- Wöchentliche und monatliche Abrechnung schafft Überblick.

Nachteil: Die Eintragungen erfordern täglich eine kleine Mühe, sprich Schreibarbeit, die Sie einige Zeit aufwenden müssen.

Tipp: Die Buchführung wird erleichtert, wenn Sie sich für alle Ausgaben Kassenzettel und Rechnungen aushändigen lassen und Ihre Kontoauszüge gut sortiert ablegen.

Rechnen Sie mit wiederkehrenden Ausgaben

Wer sich für ein Haushaltsbuch entscheidet, der wird schnell merken: Ein Großteil des Monatseinkommens steht ihm gar nicht zur freien Verfügung, sondern versickert regelmäßig in feststehenden Kanälen.

Diese fixen Posten müssen Sie bedienen

- Miete und Heizkosten,
- Strom, Gas, Wasser,
- Kreditrückzahlungen,
- Versicherungsbeiträge,
- Essengeld, Kita-Gebühren,
- Kfz-Steuern,
- Gebühren für Zeitung, Rundfunk, Fernsehen,
- Telefon-, Handy- und Internetgebühren,
- Beitrag für Berufsverbände/Vereine/Parteien,
- Unterhaltsverpflichtungen.

Tipp: Auf Reisen entfallen einige dieser Ausgaben, dafür kommen andere hinzu.

Solche festen Ausgaben waren früher eher ein Restposten. Inzwischen müssen private Haushalte oft 50 Prozent und mehr für feste Ausgaben berappen. Das heißt: In der Regel gehört Ihnen vom Nettoverdienst eigentlich nur die Hälfte! Darüber kann man traurig sein oder auch nicht – auf jeden Fall muss man es einplanen.

Veränderungen müssen nicht weh tun

Viel mehr Spaß macht es schon, Geld für die sonstigen Dinge auszugeben, wie Ernährung, Kleidung, Hausrat, Pflegemittel, Fahrtkosten, Freizeit, Hobby, Genussmittel, Pflanzen, Tiere, Kleingarten usw.

Tipp: Wer knapp bei Kasse ist, sollte versuchen, zunächst diese Posten auf mögliche Einsparungen zu durchforsten.

Aber keine Angst: Veränderungen sind auch ohne schmerzhafte Einschnitte möglich. Wer etwa beim großen Wochenend-Einkauf bewusst die Preise vergleicht und wirklich „preisbewusst" einpackt, erwirtschaftet so das Geld für den Jahresurlaub.

Tipp: Wenn Sie sich nicht recht klar über teure Kaufgewohnheiten sind oder wissen möchten, was andere anders machen, wenden Sie sich an Ihre Verbraucherzentrale. Dort ist es möglich, Ihre Ausgaben mit dem Durchschnitt ähnlicher Haushalte zu vergleichen und so herauszufinden, wo Ihre Einsparpotenziale liegen.

Aber auch bei den fixen Kosten bauen sich mitunter im Laufe der Jahre Ansprüche auf, die einem lieb und – vor allem – teuer sind. An der Miete lässt sich nur durch Umzug sparen. An den Kosten für Heizung, Strom, Wasser und Gas ist durch (umwelt-)bewusstes Verhalten schon mehr zu bewegen. Kfz-Kosten, Versicherungsbeiträge und andere Beiträge können oft minimiert werden, ohne Lebensqualität einzubüßen.

Gerade in punkto Versicherungen sind die meisten Deutschen zwar über-, aber trotzdem oft nicht an der richtigen Stelle versorgt. Das heißt: Trennen Sie sich von unsinnigen Policen und schließen Sie für die wirklich lebenswichtigen Risiken Verträge erst nach gründlicher Prüfung ab. Am besten ist eine unabhängige Versicherungsberatung, wie sie von den Verbraucherzentralen zu bekommen ist.

14. Beenden: Rückkehr vorher vereinbaren und gut vorbereiten

Zur Rückkehr aus dem Sabbatical haben wir schon in Kapitel 11 einiges gesagt. Vieles von dem gilt auch für andere Teilzeit- und Ausstiegsformen. Irgendwann kommt (vielleicht) die Zeit, dass Sie wieder zu der in Ihrem Unternehmen üblichen Form der Arbeitszeitgestaltung zurückkehren möchten. Sei es, dass Kinder aus dem Gröbsten heraus sind, dass sich der Pflegeaufwand für Angehörige verringert oder dass Sie einfach wieder mehr Geld verdienen wollen. Dann ist es gut, wenn Sie sich auf einen Vertrag berufen können, in dem Ihnen dieses Recht zugesprochen wird. Wie beim Ausstieg sollten Sie Ihren Wunsch rechtzeitig äußern, damit sich Ihr Arbeitgeber darauf einstellen kann.

Aber auch Sie sollten sich und Ihrer Familie Zeit geben, um sich auf die neuen Bedingungen einzustellen. Denn Fakt ist: Ab sofort wird Ihnen wieder weniger freie Zeit zur Verfügung stehen. Das wirkt sich nicht nur auf Ihren Lebensrhythmus aus, sondern auch auf den von Partner und Familie. Besprechen Sie daher vorher ausführlich im Familienkreis, wie der Alltag künftig gemeistert wird. Sicher wird jedes Familienmitglied (wieder) mehr Verantwortung übernehmen müssen. Eine grobe Aufgabenverteilung im Vorfeld hilft dabei, die Anfangshürden zu meistern. Mit ein wenig gutem Willen und gegenseitiger Rücksichtnahme ist auch diese schwierige Phase zu meistern.

Bei allem Stress, der wahrscheinlich in der Anfangszeit nicht ausbleibt, sollten Sie aber eins nicht machen: von heute auf morgen alle positiven Seiten und Errungenschaften Ihrer Auszeit über Bord werfen. Denn dann wäre Ihr „Ausstieg auf Zeit“ wirklich nur eine befristete Episode, von der nichts bleibt als wehmütige Erinnerung. Versuchen Sie deshalb, einen Teil der Freiheit in Ihr neues Leben herüberzuretten. Vielleicht müssen Sie etwa Ihre ehrenamtliche Tätigkeit in der Kirche oder im Bürgerverein wieder etwas einschränken – ganz aufgeben sollten Sie

sie nicht. Auch der wöchentliche Besuch im Fitness-Studio, die Kurse in der Volkshochschule, Ihre entdeckte Leidenschaft für Archäologie oder Volkstanz, neue Freunde und Freuden gehören zu den Ergebnissen Ihrer Auszeit, die Sie mit beiden Händen festhalten sollten.

15. Berichte: Was Unternehmen und Aussteiger berichten

Unternehmensberichte

Peter Heck, Arbeitszeit-Experte bei der Siemens AG:

„Auslöser der Diskussionen um ein neues Arbeitszeitmodell bei Siemens war die Tatsache, dass das Zeiterfassungssystem technisch an seine Kapazitätsgrenzen stieß. Bei sich anschließenden Diskussionen wurde schnell klar, dass im Mittelpunkt eines Arbeitszeitmodells nicht die Verwaltung von Arbeitszeiten, sondern die optimale Aufgabenerledigung stehen müsse. So entstand der Begriff der ‚Vertrauensgleitzeit' mit dem Ziel, die bisherige Gleitzeit so weiterzuentwickeln, dass das bislang vorherrschende Misstrauensprinzip (Kontrolle der Arbeitszeit) durch Vertrauen und Aufgabenorientierung ersetzt wird. Etwa anderthalb Jahre nahmen Entwicklung und Einführung in Anspruch. 1993 war der Startschuss.

Als Vertrauensgleitzeit werden generell Arbeitszeitsysteme bezeichnet, bei denen der Arbeitgeber auf die Erfassung der Arbeitszeit verzichtet. Die Mitarbeiter gestalten ihre Arbeitszeit innerhalb eines vorgegebenen Rahmens – etwa von 6 bis 20 Uhr – so, dass alle Prozesse und Anforderungen optimal erfüllt werden. Im Zentrum steht dabei, dass die Abstimmung innerhalb des Teams klappt und die vereinbarten Ziele erreicht werden. Vorgesetzte greifen nur ein, wenn Störungen zu befürchten sind.

Die Vertrauensgleitzeit in ‚Reinkultur', also ohne vorgeschriebene Zeiterfassung, wird insbesondere in wissenschaftlichen und kreativen Arbeitsbereichen (Forschung und Entwicklung) praktiziert. Zeitkonten werden nicht geführt, Gleittage zum Abbummeln in der klassischen Form gibt es nicht mehr. Dennoch kann der Mitarbeiter halbe oder ganze

Tage frei machen: Entscheidend ist allein, dass dies mit der Aufgabe vereinbar ist, was eine gegenseitige Abstimmung im Team voraussetzt.

In einer zweiten Variante wird die elektronische Zeiterfassung beibehalten, fungiert aber nur als Hintergrundinformation, etwa um sehr hohe Zeitguthaben zu steuern. Diese Variante der Vertrauensgleitzeit wird gerne an Standorten praktiziert, an denen ein installiertes Zeiterfassungssystem besteht.

Die Überstunden waren ein wichtiger Diskussionspunkt bei der Einführung der Vertrauensarbeitszeit. Es gab Befürchtungen, dass die Mitarbeiter ohne Zeiterfassung leicht überlastet werden könnten. Allerdings haben Befragungen und vor allem die Praxis ergeben, dass dies nicht der Fall ist.

Außerdem können Siemens-Mitarbeiter die Teilzeit-Variante ‚Sabbatical' in Anspruch nehmen. Innerhalb einer vereinbarten Vertragslaufzeit von bis zu vier Jahren können sie einen längeren Freizeitblock von einem Monat bis zu einem Jahr beanspruchen, auch monatsweise über die Vertragslaufzeit verteilt. Sie können bei Bedarf – etwa wenn ein Angehöriger gepflegt werden muss – die Freizeit auch sofort antreten. Um die freie Zeit zu finanzieren, erhalten sie über die gesamte Laufzeit ein gleich bleibendes Teilzeit-Entgelt. Das heißt, das Monatsgehalt reduziert sich um einen Betrag, der sich aus der Formel

$$\frac{\text{Anzahl der Monate des Freizeitblocks} \times 100}{\text{Laufzeit des Vertrages in Monaten}}$$

ergibt. Wer also beispielsweise 12 Monate Freizeit wünscht und dessen Vertrag über 48 Monate läuft, muss monatlich auf 25 Prozent des Einkommens verzichten. Wer dagegen bei 24 Monaten Laufzeit nur zwei Monate frei nimmt, bekommt immerhin noch 91,7 Prozent des bisherigen Bruttogehalts. Das Geld fließt während der gesamten Vertragszeit, also auch in der Freizeit, in dieser Höhe. Jeder Mitarbeiter, der bereits ein halbes Jahr bei Siemens arbeitet, kann davon Gebrauch machen – vorausgesetzt natürlich, dass sein Vorhaben die betrieblichen Abläufe nicht entscheidend stört. Genutzt wird es von Frauen und Männern, auch von Mitarbeitern übervertraglich bezahlter Stellen und Spezialisten. Die Befürchtungen, dass bei Sabbaticals und insgesamt bei flexiblen

Arbeitszeiten keine angemessene Vertretung möglich sei, haben sich nicht bestätigt.

Was die Mitarbeiter mit ihrer Freizeit anfangen, liegt in ihrem Ermessen, sie sind dem Unternehmen keine Rechenschaft darüber schuldig. Häufig wird der Freiraum jedoch für die Pflege von Angehörigen, für Eigenleistungen beim Hausbau oder der Wohnungsrenovierung, für eine Weiterbildung oder Prüfung und für eine Fernreise genutzt."

Dr. Karin Brünnecke, Dresdner Bank AG, Human Resources Policies & Guidelines:

„Ausgangspunkt der Flexibilisierung der Arbeitszeiten in der Dresdner Bank war die Betriebsvereinbarung zur ‚Gleitenden Arbeitszeit' aus dem Jahr 1978. Als weitere Modelle wurden seit Mitte der neunziger Jahre ‚Variable Arbeitszeiten im Team' bankweit eingeführt und vergangenes Jahr ein Pilotprojekt zur so genannten Vertrauensarbeitszeit begonnen.

Bei der gleitenden Arbeitszeit haben Mitarbeiter die Möglichkeit, ihre Arbeitszeiten täglich – innerhalb eines festgelegten Rahmens – in der Kernarbeitszeit eigenverantwortlich zu organisieren. Ein maximales Zeitguthaben von zehn Mehrarbeitsstunden sollte dabei nicht überschritten werden.

Die ‚Variable Arbeitszeit im Team' ermöglicht den Mitarbeitern eines Teams innerhalb eines gemeinsam vereinbarten Zeitrahmens und abhängig von Kundenanforderungen, ihre Arbeitszeiten weitgehend selbst zu steuern. Die Selbststeuerung erfolgt mittels so genannter Ampelkonten. Die Einführung dieses Arbeitszeitmodells erfolgte im Rahmen eines umfassenden Changeprozesses – an welchem die betroffenen Mitarbeiter, Führungskräfte und der Betriebsrat aktiv beteiligt wurden. Dies eröffnet die Möglichkeit, Team-Lösungen zu finden, die von den Mitarbeitern akzeptiert und in der Praxis entsprechend motiviert umgesetzt werden. Bewährt haben sich vier Prozessschritte: Gemeinsame Erarbeitung des Modells – Pilotierung – Evaluation – Entscheidung über dauerhafte Implementierung des Modells.

Die ‚variable Arbeitszeit im Team' erweist sich als eine Erfolgsgeschichte – Unternehmen, Kunden und Mitarbeiter profitieren gleichermaßen. Dies zeigt auch die Verbreitung des Modells – insbesondere in den Geschäftsstellen: Während in der Zentrale in Frankfurt mit rund 80 Prozent die gleitende Arbeitszeit vorherrschendes Arbeitszeitmodell ist, haben sich in den Geschäftsstellen rund 60 bis 80 Prozent der Führungskräfte und Mitarbeiter für die ‚Variable Arbeitszeit im Team' entschieden."

Doris Leukel, Deutsche Lufthansa AG, Personalmanagement Boden Frankfurt/Main:

„Seit Mitte der 80er Jahre bietet Lufthansa dem Bodenpersonal am Standort Frankfurt flexible Arbeitszeitformen, und zwar zunächst in Form eines verkürzten Schichtdienstes mit Früh- und Spätdienst und jeweils der Hälfte der vereinbarten Wochenarbeitszeit sowie Teilzeit mit täglich reduzierter Arbeitszeit. Diese frühen Modelle wurden aus der Not von Kapazitätsengpässen heraus geboren: Wir haben bestimmte Arbeitszeiten geboten und haben dazu passende Mitarbeiter gesucht. Fast zeitgleich kamen die ersten Mütter aus dem gesetzlichen Erziehungsurlaub zurück und beantragten Teilzeit; und zwar nur für vormittags, weil sie für die Nachmittage keine Betreuung für ihre Kinder hatten. Die Einführung verlief sehr schleppend und für alle Beteiligten – Fachbereiche, Mitarbeiter und Mitarbeitervertretung – unbefriedigend, weil noch zu viele Kompromisse gemacht werden mussten. Selten stimmten die Wünsche der Mitarbeiter und die Erfordernisse der Fachbereiche überein.

Zurzeit bieten wir die Möglichkeiten, täglich die Arbeitszeit bzw. wöchentlich die Arbeitstage zu reduzieren, einen wöchentlichen oder monatlichen Wechsel von Vollzeitarbeit und Freizeit sowie eine Reduzierung der Arbeitszeit um bis zu 50 Prozent, indem auf eine Vollzeitphase ein Freizeitblock folgt. Der Vorteil für das Unternehmen liegt auf der Hand: Wir verteilen Aufgabenpakete auf mehrere Mitarbeiter und reduzieren so die Fehlzeiten. Das erhöht natürlich die Produktivität. Außerdem können wir sehr gut auf personelle Über- und Unterbesetzungen reagieren. Und nicht zu vergessen: Wer seinen Arbeitsrhythmus bis zu einem bestimmten Grad selbst bestimmt und über mehr Freizeit verfügt, arbeitet meist hoch motiviert und ist zufriedener mit seiner Tätigkeit.

Von den rund 2.200 Mitarbeitern in unserem Betreuungsbereich arbeiten rund 20 Prozent Teilzeit, und zwar überwiegend mit der Reduzierung der täglichen Arbeitszeit. Neben nebenberuflich tätigen Studenten nehmen nach wie vor in erster Linie Mütter mit Kleinkindern oder schulpflichtigen Kindern ohne Mittagsbetreuung das Angebot wahr. Vollzeit arbeitende Kollegen befürchten nicht selten, dass sie für die Teilzeitmitarbeiter mitarbeiten müssen. Teilzeitmitarbeiter ihrerseits befürchten, dass sie das Vollzeitpensum in der reduzierten Arbeitszeit abarbeiten müssen – bei geringerer Bezahlung. Zum Teil waren und sind diese Befürchtungen berechtigt, da es nicht genügend Teilzeitkräfte gibt, die ‚gegenläufig' arbeiten und damit die Arbeitszeitreduzierung ausreichend auffangen, so dass Aufgaben auf die Vollzeitkräfte verteilt wurden und werden. Teilzeitarbeit sollte nicht zu eng gesehen werden, sondern für alle Mitarbeiter und Hierarchieebenen als selbstverständlich angesehen werden. Sie nur als Mittel zur Reduzierung von Personal und -kosten oder in großen Bereichen mit so genannten Massenarbeitsplätzen einzusetzen, bedeutet, ihre Möglichkeiten bei weitem nicht auszuschöpfen.

Wer sich für Teilzeitarbeit entscheidet, diskutiert seinen Wunsch am besten zunächst mit dem direkten Vorgesetzten. Wenn er dem Anliegen positiv gegenüber steht und Einigkeit über die Dauer – befristet, unbefristet –, die durchschnittliche wöchentliche Arbeitszeit und deren Lage besteht, dann ist ein entsprechender formloser Antrag an die Personalabteilung zu richten. Dort wird eine schriftliche Vereinbarung zur Änderung der Arbeitszeit erstellt und die relevanten Daten in das EDV-System eingegeben. Häufig wünschen sich die Arbeitnehmer zum Ausprobieren der Regelung eine Zeit von sechs Monaten bis zu einem Jahr, um dann jeweils für ein Jahr zu verlängern. Hin und wieder bleibt es auch bei dem ersten Versuch. Natürlich sind auch unbefristete Teilzeitverträge möglich.

Bei den Mitarbeitern kommen die Angebote sehr gut an, da sie in 99 Prozent aller Fälle ihr Wunschmodell bekommen. Der Großteil der Arbeitszeitmodelle ist aufgrund der persönlichen Erfordernisse der Mitarbeiter entstanden und je nach Bedarf modifiziert worden. Allerdings ist der administrative Aufwand bei der Vielzahl der individuellen Verträge für die Fachbereiche und die Personalabteilung relativ hoch.

Andere Bereiche der Lufthansa arbeiten aufgrund der Arbeitsanforderungen mit relativ feststehenden Varianten. Die Mitarbeiter des Fliegenden Personals zum Beispiel können ihre Flugstunden monatlich reduzieren bzw. monats- bis dreimonatsweise Vollzeit mit anschließendem Freizeitblock arbeiten. Die Mitarbeiter der deutschen Stationen richten ihre Teilzeitarbeit an den Dienstplänen aus, die auf der Grundlage von genehmigten Schichtplänen erstellt werden. Im Prinzip entsprechen diese Teilzeitformen der oben beschriebenen tage- oder wochenweise reduzierten Arbeitszeit."

Mitarbeiterberichte

Barbara Massion, Produktmanagerin, Siemens AG, ging 2.639 Kilometer zu Fuß – von München nach Nordspanien:

„Ich hatte schon lange den Traum, den Jakobsweg zu gehen, einen mittelalterlichen Pilgerweg nach Santiago in Nordspanien. Im April 1999 las ich in unserer Mitarbeiterzeitschrift, dass es ein neues Teilzeitmodell namens Sabbatical gebe. Da dachte ich, das ist meine Chance. Ich ging zu meinen Vorgesetzten und hatte Glück. Beide meinten: Tolle Idee, mach das, wir kriegen das schon hin. Ich habe fast zwei Jahre lang für das Sabbatical angespart. Mit dem Vorlauf ließ sich alles prima organisieren. Im Freundeskreis und bei meinen Eltern löste mein Entschluss erst mal Befremden aus. Einige meinten, jetzt ist sie völlig durchgeknallt. Andere haben mich auf Etappen der Wanderung begleitet. Was mit meiner Wohnung, den Blumen und der Post werden sollte, war mir zunächst nicht klar. Ich hätte einen Untermieter suchen können, aber man weiß nicht, wen man kriegt. Zwei Wochen vor Beginn des Sabbaticals rief eine Freundin an und erzählte von einem gemeinsamen Bekannten, der vorübergehend eine Wohnung suchte. Da habe ich gleich zugesagt. Ich war mir sicher, dass ich meine Wohnung in einem besseren Zustand vorfinden würde, als ich sie hinterlasse. Es ist eine schöne Erfahrung, wie plötzlich eins zum anderen passt.

Am 2. Mai 2001 ging's los. Am ersten Tag schaffte ich es allerdings gerade bis an die Ortsgrenze von München. Abends kam mich eine Freundin besuchen, die zehn Minuten mit der S-Bahn gefahren war. Da dachte ich schon, was tue ich hier eigentlich. Aber schon der erste Tag war ein Erlebnis. Ich bin durch Straßen gelaufen, in denen ich mein Lebtag nicht gewesen bin, obwohl ich schon lange in München wohne und das eigentlich meine Nachbarschaft ist.

Abstand zur Arbeit hatte ich sehr schnell. Am dritten Tag rief mich meine Chefin an. Ein neuer Kollege hatte angefangen, besaß aber noch keinen PC und sie wollte ihm meinen geben. Dazu brauchte sie allerdings mein Kennwort. Es fiel mir beim besten Willen nicht mehr ein. Mein Rucksack war anfangs noch ziemlich schwer, aber im Laufe der ersten Tage merkte man, was man alles nicht braucht. Fast jeder Pilger zieht mit Büchern los, das ist das Erste, was man abwirft. Ich hatte weder Zeit noch das Bedürfnis, einen Roman zu lesen. Es waren so viele Eindrücke, und wenn man den ganzen Tag geht, ist man abends einfach müde. Alles inklusive hatte ich schließlich elf Kilo Gepäck – eine Garnitur zum Wandern, eine zum Ausgehen, ein bisschen was Drumherum und Rei in der Tube, das war's.

Ich habe Reisetagebuch geführt, aber auch ohne hineinzuschauen weiß ich heute noch sehr viel. Das hat damit zu tun, dass ich mir den Weg wirklich ergangen habe. Ich hatte Zeit, meine Eindrücke zu verarbeiten und sie sind deshalb hängen geblieben. Es gab durchaus Tiefpunkte. Zu Anfang tat mir alles weh, bis ich wusste, wie ich meinen Rucksack packen musste. Als es im Mai plötzlich warm wurde, hatte ich große Probleme mit Blasen an den Füßen. Es gab auch Tage, an denen ich am liebsten im Bett geblieben wäre. Aber die gibt es im Alltag auch und man rafft sich dann doch auf.

Spätestens ab Le Pen in Südfrankreich war ich nicht mehr allein unterwegs, da zog ein ganzer Pilgertross mit. Man konnte tagsüber trotzdem Ruhe finden. Man musste eben sagen, hört mal Leute, ich will jetzt für mich sein, ich geh ein Stück alleine. Abends in der Herberge traf man sich dann wieder, und dann war es interessant mitzukriegen, wer die anderen sind. Es gab Menschen jeden Alters, aus aller Herren Länder und aus ganz unterschiedlichen Lebensbereichen. Viele habe ich nur flüchtig kennen gelernt, aber auch diese flüchtigen Begegnungen haben Spuren hinterlassen. Man begegnet sich unterwegs anders. Bei vielen habe ich keinerlei Idee, was sie beruflich machen, das war einfach nicht wichtig.

Ich hatte verschiedene Gründe, den Jakobsweg zu gehen. Ich interessiere mich für Kunstgeschichte, und da gab es viel zu sehen am Wegesrand. Der Jakobsweg war ja im Mittelalter eine Kulturstraße, über die sich philosophische Ideen und Baustile verbreiteten. Außerdem bin ich praktizierende Christin und wollte neue spirituelle Formen kennen lernen. Die Analogie Pilgerweg gleich Lebensweg habe ich aber erst im Nachhinein richtig verstanden. Bevor ich losging, konnte ich mit dem Bild nicht viel anfangen. Je länger das Sabbatical zurückliegt, umso mehr sagt es mir. Das Leben ist wie ein Weg. Man weiß nicht genau, wo es langgeht, man verläuft sich, man findet zurück, man begegnet jemandem, man trennt sich wieder.

Dem Ziel sah ich mit gemischten Gefühlen entgegen, gegen Ende wurden meine Etappen immer kürzer. Am 8. September war ich schließlich da, nach viereinhalb Monaten. Ich bin noch nie in eine unbekannte Stadt gekommen und habe dort so viele Bekannte getroffen. Pilger sind ja unterschiedlich schnell – ich hatte unterwegs nette Menschen kennen gelernt, die mich dann überholten und schon vor mir da waren. Irgendwann kamen Pilger, die ich überholt hatte, und man erzählte sich, wem man begegnet war und was man erlebt hatte. Es war phantastisch.

Allerdings hatte ich das Gefühl, so ganz am Ende bin ich noch nicht. Ich habe noch drei Etappen drangehängt, bis zum Kap Finis Terra, dem Ende der mittelalterlichen Welt, wo man wirklich meint, die Welt ist zu Ende. Da war es dann gut. Am nächsten Tag bin ich zum ersten Mal seit Monaten wieder Bus gefahren. Unterwegs hatte ich mit vielen Menschen Adressen getauscht und war eingeladen worden. Ich bin also an der Nordküste Spaniens zurückgereist, mit dem Bus, mit dem Zug, mit dem Auto oder mal wieder zu Fuß und habe die neuen Bekannten besucht. An der französischen Grenze war ich dann so weit, dass ich nach Hause wollte. Im Nachtzug bin ich zurückgereist.

Ich hatte drei Wochen Zeit, um mich zu Hause einzuleben. Das hatte ich so geplant, ich wollte nicht im letzten Moment zurückkehren. Es war ein schöner Oktober, ich bin mit dem Fahrrad nach Wessobrunn gefahren. Ich habe 50 Karten gekauft und sie Menschen geschickt, die mir unterwegs besonders nett begegnet waren. In fünf Monaten fällt auch einiger Papierkram an, den man abarbeiten muss. Mein Büro habe ich erst am ersten Arbeitstag wieder betreten. Ich war gespannt, was aus meinen Produktplänen geworden war, und sehr motiviert. Ich habe mich schnell wieder eingewöhnt.

Ich empfinde das Sabbatical als Einschnitt, der mir sehr gut getan hat. Ich bin gelassener geworden, man kommt ja beim Wandern in einen Rhythmus – Füße eincremen und verpflastern, frühstücken, wandern, zu regelmäßigen Zeiten Pause machen, abends duschen, den Ort anschauen, sich um das Abendessen kümmern. Die Tage sind sehr regelmäßig und dann wieder gibt es Überraschungen. Mal ist ein Weg versperrt, mal verläuft man sich, mal haben alle Gasthöfe geschlossen. Damit lernt man umzugehen. Bei Dingen, die mich früher aufgeregt hätten, sage ich heute: Das ist halt so. Wie gehen wir damit um?

Das Sabbatical hat mir auch an Kenntnissen viel gebracht. Ich habe jeweils zwei Monate Französisch und Spanisch gesprochen, kulturgeschichtlich einiges erfahren und andere Sitten und Gebräuche kennen gelernt. Ich würde es jederzeit wieder machen."

(aus: „Ökotest", 2/2004)

Fe 61.

Christine Boehm, Sachbearbeiterin in der Personalabteilung, Deutsche Lufthansa, arbeitet seit 12 Jahren Teilzeit:

„Als mein Sohn in die Schule kam, beschloss ich Teilzeit zu arbeiten. Ich bin allein erziehend und wollte genügend Zeit für ihn haben. In der Regel arbeite ich montags nicht, ansonsten die volle Zeit wie die anderen Kollegen. Ich habe diese Variante gewählt, weil ich an diesen vier Tagen mehr schaffe als an fünf Arbeitstagen, die nur bis 15 Uhr gehen. Das liegt daran, dass ich von dienstags bis freitags gleichberechtigt ins Team integriert bin, voll einsetzbar bin und alle Termine wahrnehmen kann. Bei einer täglich verkürzten Arbeitszeit sehe ich die Gefahr, dass man doch häufig nicht ganz pünktlich Feierabend machen kann, wenn z.B. Termine später liegen. Das wollte ich vermeiden.

Mein Arbeitspaket hat sich durch die Teilzeitarbeit verkleinert, Teile meiner früheren Aufgaben umverteilt. Da ich die Einzige im Team bin, die verkürzt arbeitet, hatte das keine großen Auswirkungen. Unmut unter den anderen Kollegen habe ich nie verspürt. Auch mein Vorgesetzter hat mir immer viel Verständnis entgegengebracht. Meinem Wunsch, Teilzeit zu arbeiten, wurde damals ohne Zögern entsprochen und Nachteile in meiner beruflichen Entwicklung gibt es keine. Ich werde wie Vollzeit-Kollegen gefördert. Angenehm ist auch, dass die Regelung flexibel gehandhabt wird. Wenn ich beispielsweise meinen freien Tag mal auf einen anderen Wochentag verlegen möchte, ist das kein Problem, wenn von der Arbeit her nichts dagegen spricht. Natürlich ist es wichtig, solche Wünsche rechtzeitig anzukündigen und mit Kollegen und Vorgesetzten zu besprechen.

Bis mein Sohn sein Abitur abgelegt hat, werde ich die bisherige Regelung beibehalten. Danach möchte ich wieder Vollzeit arbeiten. Ob das klappt, hängt natürlich auch von der Situation im Unternehmen und in meiner Abteilung ab. Aber ich bin zuversichtlich. Für mich hat sich die Teilzeitarbeit auf jeden Fall gelohnt. Ich habe die nötige Zeit, um mich ausreichend um meinen Jungen zu kümmern. Das ist wichtig für mich. Der einzige Nachteil besteht darin, dass man weniger verdient und entsprechend auch weniger fürs Alter vorsorgen kann. Als Alleinerziehende ohne finanziellen Rückhalt ist das schon schwierig. Ansonsten habe ich aber nur positive Erfahrungen gemacht und kann nur jedem dazu raten, der Kind und Beruf vernünftig unter einen Hut bekommen will."

Dr. Marion Hoeren, Dresdner Bank AG, Leiterin Executive Development:

„Zunächst ergab sich die Notwendigkeit, meine Tätigkeit bei der Dresdner Bank für zwei Jahre zu unterbrechen, aus privaten Gründen: Mein Mann hatte das Angebot bekommen, in Paris an einem internationalen Projekt teilzunehmen. Für uns stand fest, dass wir zusammen nach Frankreich gehen wollten. Das hieß für mich, einen Job in Paris zu finden und mich unbezahlt von der Bank freistellen zu lassen.

Von der bekannten Pariser Business School HEC (Ecole des hautes études commerciales) erhielt ich das Angebot, eine Gastprofessur für Personalmanagement wahrzunehmen. Das war ein großer Glücksfall, aber gleichzeitig eine enorme Herausforderung für mich. Es war immer mein Traum, an einer Top Business School im MBA-Programm zu unterrichten – diesen Traum habe ich mir erfüllt. Es hat mir viel Spaß gemacht, und die sehr guten Beurteilungen durch die Studenten haben mir gezeigt, dass meine Arbeit auch erfolgreich war.

Zwischen meiner ersten Information über mein bevorstehendes Sabbatical und meinem Ausstieg bei der Bank lagen vier Monate. Da die Gastprofessur thematisch mit meinem Aufgabengebiet in der Bank übereinstimmte, hatte ich gute Argumente für mein Vorhaben: Ich konnte meine Vorgesetzten davon überzeugen, dass ich meine Fachkenntnisse vertiefen würde, was letztlich nach meiner Rückkehr auch der Bank zugute käme. Zudem war ich während der zwei Sabbatical-Jahre auf freiberuflicher Basis für die Dresdner Bank/Allianz Group tätig. Damit war stets der regelmäßige Kontakt gegeben.

Die Zeit in Paris hat mir sehr gut getan. Abgesehen von dem beruflichen Gewinn ist ein längerer Auslandsaufenthalt persönlich immer spannend und voller Entdeckungen. Man taucht ein in die neue Kultur und ist fasziniert von den großen und kleinen Unterschieden zwischen Franzosen und Deutschen. Und dass ich das Glück hatte, eine Stadt wie Paris mit ihrer hohen Lebensqualität richtig kennen zu lernen, ist eine prägende Erfahrung für mich.

Die Rückkehr in die Bank verlief sehr gut und war sogar mit einem beruflichen Aufstieg verbunden. Ich habe also sehr gute Erfahrungen mit meinem Sabbatical gemacht und würde jedem, der einen konkreten Traum hat, raten, diesen auch zu verwirklichen. Das Risiko ist natürlich nicht zu unterschätzen, weil es keine Garantie dafür gibt, dass der Wiedereinstieg gelingt. Die Chancen einer solchen Auszeit für sich selbst liegen aber um ein x-faches höher als die Risiken. Ich würde jederzeit wieder die gleiche Entscheidung treffen."

Klaus-Uwe Thiel, Deutsche Lufthansa AG, Referent im Bereich IT-Programm-Management & Allianzen:

„Ich habe mich für Teilzeit-Arbeit entschieden, weil ich den Bau eines Hauses geplant hatte, den ich in einer längeren Freizeit in Angriff nehmen wollte. Dafür habe ich über zwei Jahre hinweg Vollzeit gearbeitet, aber nur ein Teilzeit-Gehalt bekommen. So habe ich pro Jahr vier Monate gewonnen, die ich dann über den Jahreswechsel als acht Monate bezahlte Auszeit genommen habe.

Nachdem der Wunsch nach einer längeren Auszeit feststand, habe ich mich zunächst im Intranet der Lufthansa über die verschiedenen Teilzeit-Möglichkeiten des Unternehmens informiert. Danach habe ich mit meinem Vorgesetzten den Rahmen abgesprochen und mich anschließend mit dem Personaldienst in Verbindung gesetzt. Dieser hat dann den Teilzeit-Vertrag aufgesetzt. Das gesamte Verfahren ging sehr zügig, hat nur zwei bis drei Wochen gedauert.

Meine Erwartungen an die Auszeit haben sich mehr als erfüllt. Das Haus ist zwar nicht ganz fertig geworden, aber die Freizeit und das Zusammensein mit meiner Frau, der Familie und Freunden haben sehr zur Erholung und Entspannung beigetragen. Meine Frau und ich haben in dieser Zeit sehr viel über uns und unsere Ehe erfahren. Dieses Wissen hilft uns, auch im Hinblick auf die Zeit nach dem aktiven Berufsleben. Wir haben festgestellt, dass wir sehr gut zusammenarbeiten und gemeinsam viel zu entdecken haben. Wir haben gemerkt, dass wir auch über einen längeren Zeitraum – und nicht nur im Urlaub von drei Wochen Dauer – ohne Streit und Probleme zusammen sein können. Diese neue Art der Gelassenheit, die wir in der Zeit erfahren haben, hat dazu geführt, dass wir uns oft spontan mit Freunden getroffen und viel unternommen haben. Dadurch ist zwar das Haus nicht fertig geworden, aber die Freunde waren uns wichtiger. Nun habe ich einen neuen Teilzeit-Vertrag abgeschlossen, diesmal mit einem Monat pro Jahr Freizeit, die ich wieder über den Jahreswechsel zusammenfasse. In dieser Zeit will ich an meinem Haus weiterbauen.

Auf meinen Beruf wirkt sich mein neuer Arbeitsrhythmus kaum aus. Meine Vorgesetzten hatten sehr viel Verständnis für meine Auszeit. Mein Aufgabengebiet hat sich nicht verändert. Finanziell muss ich mich allerdings einschränken, da ich in den zwei Jahren Vertragslaufzeit auf rund 30 Prozent meines sonstigen Gehalts verzichten musste. Aber der Freizeitblock war mir diese Einschränkung wert.

Während der acht Monate habe ich per E-Mail Kontakt zu meinem Vorgesetzten und ein paar Kollegen gehabt. Nach dieser Zeit bin ich wieder voll Energie ins Berufsleben eingestiegen. Es gab eine kurze Eingewöhnungs- bzw. Übergangsphase. Die größte Überraschung für mich war, dass alles noch beim Alten war – Vorgesetzte, Kollegen, Abteilungsbezeichnung, Büro, Computer, Telefon, Aufgabengebiet etc. Damit hatte ich nicht gerechnet, da durch die Krisen in der Luftfahrt die Bereiche in der Firma häufiger umorganisiert und optimiert werden.

Ich kann nur allen Kolleginnen und Kollegen zu einer Auszeit raten. Es müssen ja nicht gleich acht Monate sein, ein bis zwei Monate sind unter Umständen leichter zu finanzieren. Für mich war wichtig, dass meine Frau auch die Möglichkeit hatte, für eine Zeit auszusteigen. So konnten wir diese Zeit zusammen genießen."

Interessante Urteile

§ Ein betrieblicher Grund, der zur Ablehnung des Teilzeitwunsches berechtigt, besteht nicht, wenn der Arbeitgeber die ausfallende Arbeitszeit durch die Einstellung einer Teilzeitkraft ausgleichen kann. Für die Beurteilung des Teilzeitanspruchs ist unerheblich, aus welchen Gründen der Arbeitnehmer eine Verringerung seiner Arbeitszeit anstrebt.

Geklagt hatte ein Facharbeiter der Metallindustrie, der seine Arbeitszeit von 35 auf 21 Stunden in der Woche verringern und diese auf Montag bis Mittwoch verteilen wollte. Er beabsichtigte, sich mehr um seine Kinder zu kümmern und seiner Frau eine Teilzeittätigkeit zu ermöglichen (Urteil des Bundesarbeitsgerichts vom 9. Dezember 2003 – 9 AZR 16/03).

§ Das Servicekonzept eines Unternehmens wird nicht schon dadurch wesentlich beeinträchtigt, dass eine Verkäuferin verkürzt arbeiten will. Zur Verhandlung beim Bundesarbeitsgericht stand ein Fall aus einem Teppichhaus. Dieses ist mindestens wöchentlich 60 Stunden geöffnet. Ziel des Servicekonzepts war es, dass Kunden immer wieder die gleiche Verkäuferin als Ansprechpartner vorfinden. Dieses Ziel, so das BAG, sei jedoch auch mit Vollzeitkräften nicht zu erreichen, da auch diese nur durchschnittlich 37,5 Stunden in der Woche anwesend sind. Die klagende Arbeitnehmerin verlangt eine Verkürzung auf 25 Stunden. Dadurch erhöht sich zwar die Wahrscheinlichkeit, dass Kunden sie für Rückfragen nicht antreffen. Angesichts der 60-stündigen Ladenöffnungszeit wird dadurch das betriebliche Organisationskonzept nicht wesentlich beeinträchtigt. Die Klägerin hatte deshalb ebenso wie in beiden Vorinstanzen auch beim Bundesarbeitsgericht mit ihrem Teilzeitverlangen Erfolg (Az.: 9 AZR 665/02)

§ Ein abweichender Arbeitszeitwunsch darf die betrieblichen Abläufe nicht wesentlich beeinträchtigen. Abgewiesen wurde mit dieser Begründung die Klage einer Kindergarten-Gruppenleiterin, die ihre täglichen Anwesenheits- und Betreuungszeiten von den Öffnungszeiten des Kindergartens abkoppeln wollte. Da es sich zum Teil um mehrfach behinderte Kinder handelte, die sie verantwortlich zu betreuen hatte, widersprach ihr Arbeitszeitwunsch laut Kindereinrichtung dem Interesse der Kinder an einer täglichen kontinuierlichen Betreuung durch dasselbe Personal. Mit dieser Begründung hatte diese sowohl vor dem Landesarbeitsgericht als auch vor dem Bundesarbeitsgericht Erfolg (Az.: 9 AZR 542/02).

§ Die Klägerin, Mutter von drei minderjährigen Kindern, ist bei einem Verein als Erzieherin mit wöchentlich 26 Stunden in Teilzeit beschäftigt. Im Anschluss an eine Elternzeit wollte sie ihre Arbeitszeit für fünf Jahre auf zehn Stunden in der Woche (verteilt auf zwei Tage) verringern. Das wies der Verein mit der Begründung zurück, dass die damit notwendige Arbeitsplatzteilung mit einer weiteren Teilzeitkraft mit dem pädagogischen Konzept des Vereins unvereinbar sei. In den Vorinstanzen wurde der Verein dennoch nach dem Teilzeit- und Befristungsgesetz dazu verurteilt, einer unbefristeten Verringerung der Arbeitszeit auf zehn Stunden und der Verteilung der Arbeitszeit auf zwei Tage pro Woche zuzustimmen.

Vor dem Bundesarbeitsgericht hatte der Verein mit seiner Revision Erfolg. Dem Arbeitszeitwunsch der Klägerin steht das pädagogische Konzept des beklagten Vereins entgegen. Sein hierauf gestütztes Arbeitszeitmodell sind „betriebliche Gründe" im Sinne des Teilzeit- und Befristungsgesetzes, die den Arbeitgeber berechtigen, den gesetzlichen Verringerungsanspruch des Arbeitnehmers abzulehnen (Az.: 9 AZR 126/02).

§ Arbeitnehmer dürfen die mit Zustimmung des Arbeitgebers verringerte Arbeitszeit wie gewünscht verteilen, wenn keine betrieblichen Gründe dagegen sprechen. In dem Urteil des Bundesarbeitsgerichts vom 16. März 2004 ging es um eine Lagerarbeiterin in einem Groß- und Außenhandelsunternehmen, die im Anschluss an ihren Erziehungsurlaub ihre Arbeitszeit auf 20 Stunden verringern und diese täglich auf 8 bis12 Uhr legen wollte. Das Unternehmen billigte zwar die Verkürzung, nicht aber den Arbeitsbeginn: Es forderte, dass sie bereits um 6 Uhr beginnen sollte, wie es eine Betriebsvereinbarung vorsieht. Die Klage der Arbeiterin dagegen hatte in allen Instanzen Erfolg. Begründung: Der von der Betriebsvereinbarung abweichende Arbeitsbeginn allein ist noch kein betrieblicher Grund, da die Interessen des Kollektivs nicht betroffen seien. Weder traten Störungen im Betriebsablauf auf noch waren die anderen Arbeitnehmer von Arbeitsverdichtung, Mehrarbeit oder anderen Auswirkungen betroffen (Az.: 9 AZR 323/03).

§ Unternehmen müssen die Einhaltung einer Gleitzeitvereinbarung überwachen. Sie müssen sogar arbeitswütige Arbeitnehmer nach Hause schicken, wenn diese freiwillig zu viel arbeiten. So entschied das Arbeitsgericht Frankfurt (Az.: 4 BV 582/02).

§ Zur beruflichen Weiterbildung im Bildungsurlaub zählt alles, was Arbeitnehmer im Job anwenden können: etwa Eigeninitiative, Rhetorik, Verantwortungsbewusstsein, Führungsqualitäten. Das Erlernte muss nicht unbedingt auf den Job übertragbar sein, sollte aber zumindest den gesellschaftlichen, politischen oder sozialen Horizont erweitern (Bundesarbeitsgericht, Az.: 9 AZR 185/94).

§ Politische Weiterbildung solle das Verständnis der Arbeitnehmer für gesellschaftliche, soziale und politische Zusammenhänge verbessern, um damit Mitsprache und Mitverantwortung in Staat, Gesellschaft und Beruf zu fördern. Die Erkenntnisse müssen sich zumindest auf Deutschland übertragen lassen. Damit stellten die Richter hohe Hürden für Bildungsurlaub im Ausland auf (Bundesarbeitsgericht, Az.: 9 AZR 166/98).

§ Zweifelt die Firma daran, dass ein Seminar der beruflichen oder politischen Bildung dient, liegt die Beweislast beim Mitarbeiter: Er muss belegen, wie welches Wissen vermittelt wurde (Bundesarbeitsgericht, Az.: 9 AZR 431/94).

§ Kann der Arbeitnehmer eine Fremdsprache beruflich nutzen, darf er für den Kurs Bildungsurlaub verlangen – zum Beispiel eine Krankenschwester, die in der Klinik ständig ausländische Patienten betreut (Bundesarbeitsgericht, Az.: 9 AZR 261/90).

Wichtige Adressen

Anwaltsuche:

Deutsche Anwalt-Auskunft
Deutscher Anwaltverein (DAV) e.V.
Littenstraße 11
10179 Berlin
Tel. 0 18 05/ 18 18 05
E-Mail: dav@anwaltverein.de
www.anwaltauskunft.de

Anwalt-Suchservice
Verlag Dr. Otto Schmidt GmbH
Unter den Ulmen 96–98
50986 Köln
Tel. 0 18 05/ 25 45 55
E-Mail: kontakt@anwaltsuchservice.de
www.anwalt-suchservice.de

Arbeitssucht:

AAS Anonyme Arbeitssüchtige
c/o KISS
Gaußstraße 21
22765 Hamburg
E-Mail: info@arbeitssucht.de
www.arbeitssucht.de

Auslandsaufenthalt:

Zentralstelle für Arbeitsvermittlung
Villemombler Str. 76
53123 Bonn
Tel. 0228/ 713–1350

Deutsche Fernschule
Herbert-Flender-Str. 6
35578 Wetzlar
Tel. 06441/ 92 18 92
E-Mail: df@deutsche-fernschule.de
www.deutsche-fernschule.de

Institut für Lernsysteme (ILS)
Doberaner Weg 20
22143 Hamburg
Tel. 040/675 70–0
E-Mail: fernlehrwerk@ils.de
www.ils.de /Auslandsschule

Bundesverwaltungsamt
Zentralstelle für Auslandsschulwesen
Tel. 01888/358–0 oder 0221/758–0
zfa@bva.bund.de

Bildungsurlaub:

Berlin:
Senatsverwaltung für Wirtschaft, Arbeit und Frauen
Referat Berufliche Bildung
Storkower Straße 134
10407 Berlin
Tel. 030/90227–2065,
www.berlin.de/bildunsurlaub

Brandenburg:
Ministerium für Bildung, Jugend und Sport
Referat 34
Steinstraße 104–106
14473 Potsdam
Tel. 0331/866–3842
www.mbjs.brandenburg.de

Bremen:
Senator für Bildung, Wissenschaft
Referatsgruppe Weiterbildung und
Außerschulische Berufsbildung
Herdentorsteinweg 7
28195 Bremen
Tel. 0421/361–4541

Hamburg:
Landeszentrale für politische Bildung
– Bildungsurlaub
Steinstr. 7
22095 Hamburg
Tel. 040/42 854–2151

Hessen:
Hessisches Sozialministerium
Referat IV 8B
Dostojewskistraße 4
65187 Wiesbaden
Tel. 0611/817–3673
www.bildungsurlaub.hessen.de

Mecklenburg-Vorpommern:
Landesversorgungsamt Mecklenburg-Vorpommern
Erich-Schlesinger-Straße 35
18059 Rostock
Tel. 0381/122–2954
www.weiterbildung-mv.de

Niedersachsen:
Niedersächsischer Bund für freie Erwachsenenbildung e.V.
Verwaltungsstelle
Marienstraße 9–11
30171 Hannover
Tel. 0511/36491–23

Nordrhein-Westfalen:
Bürger- und ServiceCenter der Landesregierung
Tel. 0180/3 100 118
www.bildungsurlaub.de

Rheinland-Pfalz:
Ministerium für Wissenschaft, Weiterbildung
Forschung und Kultur
Referat 1547
Diether-von-Isebburg-Str. 9-11
55116 Mainz
Tel. 06131/16–2858
www.mwwfk.rlp.de

Saarland:
Allgemeine und politische Weiterbildung:
Ministerium für Bildung, Kultur und Wissenschaft
Referat G 1
Hohenzollernstraße 60
66117 Saarbrücken
Tel. 0681/501–7214
www.weiterbildung.saarland.de

Berufliche Weiterbildung:
Ministerium für Wirtschaft und Finanzen
Referat E/4
Am Stadtgraben 6–8
66111 Saarbrücken
www.wirtschaft.saarland.de

Sachsen-Anhalt:
Kultusministerium des Landes Sachsen-Anhalt
Referat Erwachsenenbildung/Weiterbildung
Turmschanzenstraße 32
39114 Magdeburg
Tel. 0391/567–3832
www.mk.sachsen-anhalt.de

Schleswig-Holstein:
Ministerium für Wirtschaft, Arbeit und Verkehr
Referat VII 33
Düsternbrooker Weg 94
24105 Kiel
Tel. 0431/988–4820
www.bildungsurlaub.schleswig-holstein.de

Burnout:

Deutscher Psychotherapeutenverband DPTV e.V.
Am Karlsbad 15
10785 Berlin
Tel. 030/235009–0
E-Mail: bgst@dptv.de
www.dptv.de

Haushaltsbuch:

Verbraucherzentrale Bundesverband
Markgrafenstraße 66
10969 Berlin
Tel. 030/25 800–0
E-Mail: info@vzbv.de
www.vzbv.de
(mit Links zu 16 regionalen Verbraucherzentralen)

Kuren:

Kurärztliche Verwaltungsstelle
Westfalendamm 67
44141 Dortmund
Tel. 0231/941179–0

Deutscher Heilbäderverband e.V.
Schumannstr. 111
53113 Bonn
Tel. 0228/20120–0

Elly-Heuss-Knapp-Stiftung
Deutsches Müttergenesungswerk
Bergstraße 63
10115 Berlin
Telefon Kurinformationen: 030/33 00 29–29
E-Mail: info@muettergenesungswerk.de
www.muettergenesungswerk.de

Kredite:

Verbraucherzentrale Bundesverband
Markgrafenstraße 66
10969 Berlin
Tel. 030/25 800–0
E-Mail: info@vzbv.de
www.vzbv.de
(mit Links zu 16 regionalen Verbraucherzentralen)

Langsamkeit:

Slow Food Deutschland e.V.
Geiststraße 81
48151 Münster
Tel. 0251/79 33 68
E-Mail: info@slowfood.de
www.slowfood.de

Verein zur Verzögerung der Zeit
Fakultät für Interdisziplinäre Forschung und Fortbildung
der Universität Klagenfurt
Sterneckstraße 15
A-9020 Klagenfurt
Tel. 0043-463/2700-8730
E-mail: info@zeitverein.com
www.zeitverein.com

Lenzwalder Seminare
Lenzwald 2
84570 Polling
Tel. 08630/8089–88
E-Mail: george.pennington@lenzwald.de
www.lenzwald.de

Mini-Job:

Bundesknappschaft
Minijob-Zentrale
45115 Essen
Service-Center Cottbus:
Tel. 08000 200 504 (gebührenfrei)
E-Mail: minijob@minijob-zentrale.de
www.minijob-zentrale.de

Mobbing:

www.mobbing-zentrale.com
Tel. 040/ 219 83 289

Teilzeit:

Bundesministerium für Wirtschaft und Arbeit
Scharnhorststraße 34–37
10115 Berlin
Tel. 01888/615-0
E-Mail: info@bmwa.bund.de
www.bmwi.de

Zeitarbeit:

Bundesverband Zeitarbeit
Personal-Dienstleistungen e.V.
Prinz-Albert-Straße 73
53113 Bonn
Tel. 0228/7 66 12-0
E-Mail: info@bza.de
www.bza.de

Interessenverband deutscher Zeitarbeitsunternehmen e.V. (iGZ)
Bundesgeschäftsstelle
Hüfferstraße 9–10
48149 Münster
Tel. 0251/98112–0
E-mail: info@ig-zeitarbeit.de
www.ig-zeitarbeit.de

Stichwortverzeichnis